粤桂合作特别试验区
与粤港澳大湾区融合发展研究

汪同三 ◎ 主编

中国社会科学出版社

图书在版编目（CIP）数据

粤桂合作特别试验区与粤港澳大湾区融合发展研究／汪同三主编．—北京：中国社会科学出版社，2019.10

ISBN 978-7-5203-5438-7

Ⅰ.①粤…　Ⅱ.①汪…　Ⅲ.①区域经济合作—经济开发区—区域经济发展—研究—广东、广西②城市群—区域经济发展—研究—广东、香港、澳门　Ⅳ.①F127.65②F127.67③F299.276.5

中国版本图书馆 CIP 数据核字（2019）第 228205 号

出 版 人	赵剑英
责任编辑	黄　晗
责任校对	王　龙
责任印制	王　超

出　　版	中国社会科学出版社
社　　址	北京鼓楼西大街甲 158 号
邮　　编	100720
网　　址	http://www.csspw.cn
发 行 部	010-84083685
门 市 部	010-84029450
经　　销	新华书店及其他书店
印　　刷	北京明恒达印务有限公司
装　　订	廊坊市广阳区广增装订厂
版　　次	2019 年 10 月第 1 版
印　　次	2019 年 10 月第 1 次印刷

开　　本	710×1000　1/16
印　　张	11
插　　页	2
字　　数	111 千字
定　　价	49.00 元

凡购买中国社会科学出版社图书，如有质量问题请与本社营销中心联系调换
电话：010-84083683
版权所有　侵权必究

序　　言

　　作为粤桂合作特别试验区的特邀专家，2019年4月我组织了我所在的数量经济与技术经济研究所的赵京兴研究员、冯烽副研究员和两名博士后郭美晨博士、何秋琴博士到深圳就粤桂合作特别试验区与粤港澳大湾区融合发展问题做了实地调研，前后历时3天。除到深圳前海进行了实地考察外，还参观了当地企业并与几位企业负责人进行了座谈。回到梧州，粤桂合作特别试验区管委会又专门为我们举办了一次座谈会，听取试验区"东融"的有关进展；我们几位也交流了各自的心得。回到北京后各自结合自己领受的任务进行了几个月的研究。最早的成果是一份研究报告，包括几份分报告和一个总报告。现在摆在读者面前的这部著作就是在上述研究报告基础上编辑而成的。

　　全书大体可以分为四部分，第一部分为前两章。这两章分别从空间和时间维度介绍了粤桂合作特别试验区和粤港澳大湾区的发展和现状，并在此基础上介绍了粤桂合作特别试验区和粤港澳大湾区融合发展的由来与历程。根据粤桂合作特别试验区和粤港澳大湾区的发展历史与现实及相关政策，并借鉴产业结构演变理论与经济发展阶段理论，本部分对粤桂合作特别试验区2019—2035年"东融"粤港澳大湾区的行动路径进行了展望。其中特别强调了要充分注意和重视利用发挥粤桂合作特别试验区与粤港澳大湾区融合发展的溢出效应。

第三章、第四章、第五章是一部分。这部分首先就"东融"战略的理论基础与现实依据以及粤桂合作特别试验区推进"东融"战略的本质进行了较为全面的分析与梳理，强调指出"'东融'战略的本质是欠发达地区主动融入并对接发达地区"，落脚点是实现开放发展。接下来从概念基础到实施过程中应关注的各重大问题，进行了较全面的阐述。第五章围绕构建推进"东融"战略、实现高质量发展的各种机制进行了分析，最后特别提出要发挥粤桂合作特别试验区的品牌优势，以品牌经济的发展加快"东融"战略的推进。

接下来第六章、第七章是一部分。这两章可以说是对"东融"战略的可行性研究，不仅从理论角度分析了"东融"的概念，对如何实施"东融"进行了研究，还利用现有梧州的数据对它与粤港澳大湾区的经济联系做出了具体分析测算。

最后两章主要对全书提出的有关对策思路进行了综合，并围绕"东融"的基本原则、产业政策和产城融合发展的政策思路进行了论述。

在这里，我想特别强调一下在试验区尽早推进产城融合发展的重要性与紧迫性。在20世纪末，产业园区发展过程的早期，"有产无城"的现象普遍存在。很多产业园区要么鼓励企业员工到就近的城镇解决家属居住孩子上学求医问药等问题，要么在园区发展后期才开始植入公共服务设施。现在早已不能再像过去那样了。一方面,随着我国人口老龄化的来临和产业结构的提升,必须加强产业园区公共生活服务设施的规划建设,缩小产业园区与城市在生活品质上的差距,提升园区员工的生活质量,只有这样才能招揽人才、留住人才,才能促进产业园区良性发展。否则不仅招不到人才,很可能自己培养的人才也难以留住。另一方面,随着制造业的转型升级,服务业与制造业融合发展已成为目前制造业发展的重要趋势,以致出现了服务型制造业这样的概念。这些都要求我们重视产城融合的发展。只有城市化发展起来了才能带动服务业的发展,因为服务业是面向人的产业,没有一定的人口聚集就不可能带动服务业的发展,而人口的聚集意味的就是城市化。

全书由汪同三主编,负责全书设计、拟定各章主题。第一部分由冯烽撰写,第二部分由郭美晨撰写,第三部分由何秋琴撰写,最后两章由赵京兴、冯烽、何秋琴、郭美晨共同撰写。全书最后由赵京兴统稿。

这本书是继 2018 年出版的《粤桂合作特别试验区体制机制改革创新研究》以后出版的第二本以粤桂合作特别试验区为主题的书。[①] 自从 2014 年受聘担任粤桂合作特别试验区的咨询专家以来,主持专项课题就粤桂合作特别试验区某个专题进行研究已经成为我的一项主要工作。我衷心感谢粤桂合作特别试验区领导对我的信任,授予我这样的重任;同时也感谢参加课题组研究的各位专家学者,感谢你们在研究中所付出的辛勤劳动。

---

① 汪同三编:《粤桂合作特别试验区体制机制改革创新研究》,中国社会科学出版社 2018 年版。

在中国，粤桂合作特别试验区本身就是一个全新的事物，粤港澳大湾区同样是个新生事物，对于它们的研究还是很初步的。在这种情况下研究二者的融合发展就更是一个新问题，参与本书撰写的几位同志有些还是 2019 年才接触这个问题的研究，不足之处在所难免，衷心希望读者批评指正。

汪同三

中国社会科学院学部委员

粤桂合作特别试验区专家组特邀专家

2019 年 10 月

目 录

第一章 粤桂合作特别试验区"东融"粤港澳大湾区之空间轴 …………（1）

第一节 粤桂合作特别试验区的空间区划与形成历程 …………（2）
　一　粤桂合作特别试验区的空间区划 …………（2）
　二　粤桂合作特别试验区的区位特征 …………（7）
　三　粤桂合作特别试验区的形成历程 …………（8）

第二节 粤港澳大湾区的空间区划与形成历程 …………（11）
　一　粤港澳大湾区的区位概况 …………（12）
　二　粤港澳大湾区的经济概况 …………（13）
　三　粤港澳大湾区的形成历程 …………（14）

第三节 粤桂合作特别试验区"东融"粤港澳大湾区战略的提出 …………（20）
　一　粤桂合作特别试验区"东融"战略的理论及现实依据 …………（21）
　二　粤桂合作特别试验区"东融"粤港澳大湾区的空间协同 …………（24）

三　粤桂合作特别试验区"东融"粤港澳大湾区的
　　空间溢出 ……………………………………………… （31）

第二章　粤桂合作特别试验区"东融"粤港澳大湾区之时间轴 ……………………………………………………… （32）

第一节　完善基础设施以吸引湾区产业转移（2019—2021年） ……………………………………… （33）
一　完善基础设施网络 ……………………………………… （33）
二　积极承接大湾区产业转移 …………………………… （34）

第二节　健全产业链条以融入湾区产业分工（2022—2025年） ……………………………………… （36）
一　打造完整的产业链条 ………………………………… （36）
二　融入大湾区产业分工 ………………………………… （37）

第三节　做强文旅产业以加快产城融合发展（2026—2030年） ……………………………………… （38）
一　打造"西江黄金水道""岭南龙母文化"的
　　文旅品牌 ………………………………………………… （38）
二　加快试验区产城融合发展 …………………………… （39）

第四节　实现高质量发展并产生溢出效应（2031—2035年） ……………………………………… （40）
一　坚持走高质量发展的道路 …………………………… （40）
二　要让"粤桂方案"产出溢出效应 …………………… （42）

第三章　"东融"战略的理论基础与现实依据 ………… （44）
第一节　"东融"战略的理论基础 ……………………… （45）
一　增长极理论 …………………………………………… （45）

二　中心—外围理论 …………………………………… (47)
　　三　空间扩散理论 ……………………………………… (48)
　　四　区域发展梯度理论 ………………………………… (48)
　　五　比较优势理论 ……………………………………… (49)
　第二节　"东融"战略的现实基础与依据 ………………… (50)
　第三节　"东融"战略的本质与落脚点 …………………… (52)
　　一　"东融"战略的本质是欠发达地区主动融入
　　　　并对接发达地区 …………………………………… (53)
　　二　"东融"战略的落脚点是开放发展 ……………… (54)

第四章　粤桂合作特别试验区推进"东融"战略的内涵 …………………………………………… (56)
　第一节　"东融"战略的三个层次 ………………………… (56)
　第二节　"东融"战略的内涵 ……………………………… (57)
　　一　"东融"战略的基础：思想理念开放与体制
　　　　机制创新 …………………………………………… (57)
　　二　"东融"战略的先导：交通基础设施
　　　　互联互通 …………………………………………… (62)
　　三　"东融"战略的重点：高端承接产业转移，
　　　　加快融入大湾区产业集聚高地 …………………… (65)
　　四　"东融"战略的智力保障：通过人才"东融"
　　　　实现人力资本积累与增值 ………………………… (70)

第五章　推进"东融"战略以实现高质量发展 ………… (76)
　第一节　优化并创新"东融"战略推进机制 …………… (76)
　　一　构建市场主导、政府推动的双轮驱动机制 ……… (76)

二　构建基于自主创新的内生驱动机制，强化
　　　　创新要素支撑 ……………………………………（78）
　　三　构建更加科学有效的区域合作发展利益共享
　　　　与协调机制 ………………………………………（79）
　　四　构建以创新为导向的"东融"考核与
　　　　评价机制 …………………………………………（81）
第二节　以品牌经济的发展加快"东融"战略的推进……（82）
　　一　试验区发展品牌经济的优势 ………………………（82）
　　二　试验区发展品牌经济的重点 ………………………（83）

第六章　推进"东融"需要回答的几个问题 …………（86）

第一节　什么是"东融"？………………………………………（87）
　　一　区域经济一体化 ……………………………………（88）
　　二　区域经济协调发展 …………………………………（90）
　　三　区域经济可持续发展 ………………………………（93）
　　四　"东融"的本质 ……………………………………（94）
第二节　为什么要"东融"？…………………………………（95）
　　一　区域经济发展的客观规律 …………………………（95）
　　二　合作共赢的"利益"诉求 …………………………（98）
　　三　简要评述 …………………………………………（101）
第三节　如何实施"东融"战略？……………………………（102）
　　一　区域经济分工理论 …………………………………（102）
　　二　区域经济合作理论 …………………………………（103）
　　三　区域经济合作路径的经验证据 ……………………（105）
　　四　实施"东融"战略需要注意的问题 ………………（108）

第七章 粤桂合作特别试验区与粤港澳大湾区合作现状 (110)

第一节 与粤港澳大湾区城市的对外经济联系测算 (110)

第二节 与粤港澳大湾区城市的地缘经济关系测算 (116)

第三节 梧州、肇庆对外经济联系量与地缘经济关系的匹配 (119)

第四节 粤桂合作特别试验区与粤港澳大湾区的合作成绩 (121)

  一 创新合作模式 (121)

  二 体制改革 (123)

  三 基础设施建设 (124)

第八章 实施"东融"战略的重大意义与基本原则 (127)

第一节 粤桂合作特别试验区实施"东融"战略的重大意义 (127)

  一 "东融"战略是粤桂合作特别试验区发展新阶段的内在要求 (128)

  二 "东融"战略是粤港澳大湾区及泛珠三角战略腹地建设的有力支撑 (129)

  三 粤桂合作特别试验区"东融"是广西全面对接大湾区、深度融入珠三角的重要抓手 (130)

  四 "东融"战略是建设更高质量珠江—西江经济带的强大引擎 (131)

五　粤桂合作特别试验区"东融"是建立更加有效的区域协调发展新机制的实践要求 …………………… (132)

第二节　粤桂合作特别试验区实施"东融"战略的基本原则 …………………………………………… (133)

　　一　坚持解放思想，推动改革创新 ………………… (133)

　　二　坚持优势互补，协同互促发展 ………………… (134)

　　三　坚持顶层设计，凸显园区特色 ………………… (135)

　　四　坚持市场主导，结合政府引导 ………………… (137)

　　五　坚持绿色生态，实现可持续发展 ……………… (138)

第九章　粤桂合作特别试验区"东融"的基本对策思路 ……………………………………… (139)

第一节　粤桂合作特别试验区（梧州）融入粤港澳大湾区合作发展的优势与不足 ……………… (139)

　　一　试验区融入大湾区的优势 ……………………… (139)

　　二　试验区融入大湾区的不足 ……………………… (144)

第二节　粤桂合作特别试验区推进"东融"的对策措施 …………………………………………… (145)

　　一　思想保障 ………………………………………… (146)

　　二　产业方面的政策措施：高质量承接产业转移，构建与大湾区配套融合的现代化产业体系 …… (147)

　　三　加快城市化步伐，推动产城融合发展 ………… (154)

主要参考文献 ……………………………………………… (160)

第一章

粤桂合作特别试验区"东融"粤港澳大湾区之空间轴

粤港澳大湾区（以下简称大湾区）是包括香港、澳门两个特别行政区和珠三角九个地市融合发展的城市群，建设大湾区是新时代推动形成全面开放新格局的新尝试。2019年中共中央、国务院印发的《粤港澳大湾区规划纲要》，明确将"内地与港澳深度合作示范区"确定为大湾区五大战略定位之一。粤桂合作特别试验区（以下简称试验区）是国家区域发展战略珠江—西江经济带的重要组成部分，其在2011年酝酿成立之初就被赋予了推动粤、桂两省（区）经济一体化乃至东西部有机协同合作发展的使命。试验区位于广东省肇庆市和广西壮族自治区梧州市交界处，肇庆市属于大湾区的核心层，梧州市位于大湾区的辐射层，试验区承东启西的地理区位为试验区贯彻落实广西壮族自治区"东融"战略提供了得天独厚的地缘优势。为此，本章从试验区与大湾区城市群的空间关系阐述试验区"东融"大湾区的空间协同机制与空间溢出效应。

第一节　粤桂合作特别试验区的空间区划与形成历程

广西广东，山水相连，人缘相亲，语言相通，习俗相近，自古以来就有十分密切的人文、经济和社会往来。领改革开放风气之先的广东，在改革发展中风生水起，举世瞩目，成为全国先富起来的地方；作为后发展、欠发达地区的广西，由于贫困面较大，发展的任务颇为艰巨。两广地缘相近、人文相通、经济互补，发挥各自比较优势，加强粤桂全面合作，进而实现粤桂经济一体化，将给粤桂人民带来更大的福祉。因此，建设粤桂合作特别试验区是有效促进粤桂全面合作实现互利共赢，进而促进珠江—西江流域经济社会发展的大胆尝试，它在两广合作中具有重要的战略意义。

一　粤桂合作特别试验区的空间区划

试验区位于广东省肇庆市和广西壮族自治区梧州市交界处，面积为140平方公里，其中广东肇庆市封开县和广西梧州市各划出70平方公里，由粤桂两省（区）共建。试验区的总体空间布局由主体区和拓展区组成：主体区以梧州市和肇庆市两市交界为中轴，西江黄金水道从试验区主体区穿流而过并将其分为江北片区和江南片区；两个拓展区为社学拓展区（梧州境内）和平凤拓展区（肇庆境内）。

试验区的主体区按"一核两轴双翼"的空间结构进行规划。一核：形成跨西江两岸的综合服务中心，以西江南岸起步区为重点建设区域，逐步形成试验区行政、办公和综合管理中心。

两轴：以粤桂大道和梧州环城高速路为试验区发展的两条轴线，有效贯通试验区西江两岸发展，形成试验区跨江联动发展的重要纽带。双翼：以西江两岸为试验区发展的双翼，形成试验区生态、经济和社会全面协调发展的新格局，并逐步沿西江东西两个方向拓展，形成多个产业及功能组团，结合中心城区扩容提质，实现与周边区域的统筹、协调发展。

试验区的拓展区包括社学片区（梧州境内）和平凤片区（肇庆境内），面积各约 20 平方公里，共约 40 平方公里。以完善试验区产业功能布局为重点，社学片区主要发展高端装备制造、新材料及其相关产业和现代服务业；平凤片区主要发展装备制造、新材料及其相关产业。

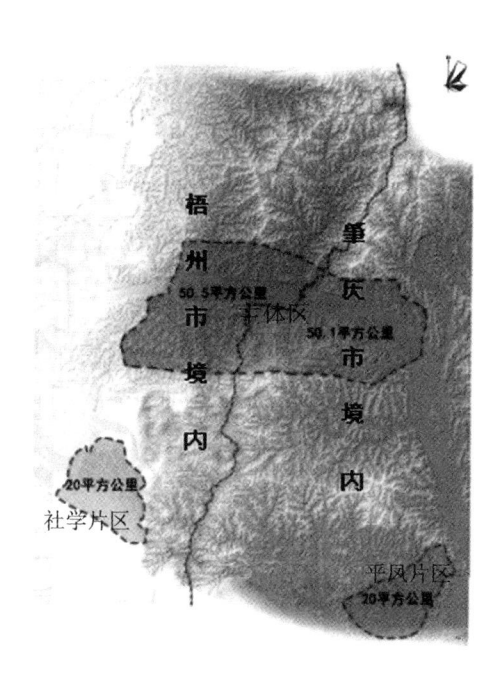

图 1—1　试验区空间布局图

资料来源：粤桂合作特别试验区管理委员会网站，http://yghz.wuzhou.gov.cn：8000/info.php？ID=3202。

表 1—1　　粤桂合作特别试验区主体区的功能布局

空间布局	片区名称	园区基地	功能规划
主体区（约100平方公里）	江南片区	综合保税区（加工贸易园区）	主要建设集保税区、出口加工区、保税物流区、港口功能于一身的保税港口，服务泛珠三角地区、西南中南华南和东盟地区、港澳台地区贸易往来，打造区域性加工制造中心、商贸物流中心和信息交流中心，建成集口岸、国际贸易、保税物流、保税加工、国际配送等功能于一体的加工贸易及国际经济合作区域
		国家级生产性服务业发展示范区	发展产业金融、工业物流、电子商务、信息技术、节能环保、研发设计和咨询服务等生产性服务业，打造面向珠三角及港澳台、北部湾及东盟地区的珠江—西江经济带国家级生产性服务业发展示范区
		两广金融改革创新综合试验区	鼓励各地金融机构在试验区内设立分支机构、区域性管理总部、业务管理总部、后援服务中心和培训基地，构建投资公司、开发银行、发展股权基金、产业投资基金、创业风险投资基金、各类交易所（股权交易中心、大宗商品交易中心、环境交易所等）等金融平台，大力培育互联网金融、电商物流金融、碳金融等新兴金融业态，打造珠江—西江经济带上的"曼哈顿""金融岛"，建成现代产业金融后援服务基地，形成两广金融合作新高地
		两广科教产业发展示范区	依托两广科教、人才、产业和人文优势，聚焦一批高校、科研院所，以发展软件及服务外包、影视动漫、创意设计、高科技研发孵化、教育实训为重点，辅以商业娱乐、生态旅游休闲、文化教育等，打造创新、创业、创意高地及国家级科技孵化基地
		中国—东盟环保技术与产业合作交流示范基地	以节能技术和装备、高效节能产品、节能服务产业、先进环保技术和装备、环保产品与环保服务为主导，为中国和东盟各国企业提供技术交流、贸易合作及投资促进发展平台，打造国际知名环保产业技术合作与贸易交流中心、总部基地、研发基地、环保产业服务基地，形成节能环保产业发展聚集区

续表

空间布局	片区名称	园区基地	功能规划
主体区（约100平方公里）	江北片区	粤桂合作企业总部基地	建立和践行粤桂总部基地的各项标准，以前瞻性开发理念为企业提供高效、多能、全方位的中枢式经营氛围和高速发展通道，形成集办公、科研、教育、会务、展示、接待于一体的企业总部聚集基地，打造中国总部基地新标杆，成为驱动试验区经济发展的核心引擎，影响力辐射珠三角、粤港澳、北部湾及东盟地区
		中小型企业创业创新基地	建设以"开拓、创新、绿色、活力"为内涵，为创业创新人才提供高品位的创业环境、有价值的办公场所、多样化的商务空间，打造高层次人才和企业创业创新聚集重要平台
		现代农业基地	以试验区保留耕地为载体，综合运用现代科技与先进的生产手段、管理模式优化农业生产布局，提高农业生产集约化、标准化、现代化水平，大力发展高效、优质、高产生态农业和高科技农业，积极引进重点龙头企业，培育农业品牌产品，形成集研发、生产、营销、服务于一体，产业化经营的现代农业示范园
	江北片区	食品医药产业园	共由四个子园区组成：健康产业园、孕婴童产业园、神冠产业园、绿色食品加工园
		现代林产林化产业园	依托亚洲最大的松脂加工基地，主要建设松脂精深加工、松香深加工等主导产业，辅以发展松脂精细化工应用产业，同时推进八角、肉桂、桐油、茶油、栲胶、紫胶、芳樟油、黄樟油、山苍子油、桉树油以及果胶、木本淀粉、木本纤维等的初加工、系列精深加工及其利用，实现林产林化产业的转型升级、高端发展，形成泛珠三角区域重要的松脂精深加工产业基地
		枫大物流园	利用试验区交通便利的地理条件和临港李家庄一类开放口岸的优势，主要建设融运输、装卸、仓储、包装、加工配送于一体的现代物流体系，同时建设交易中心、会展中心、信息中心、商务中心等扩展性功能，形成以现代物流为支撑、功能齐全、体系完整、效率卓越的服务珠江—西江经济带的综合物流产业基地

续表

空间布局	片区名称	园区基地	功能规划
	江北片区	文旅产业园	依托试验区山水资源和广信文化积淀，主要开发建设健康运动、观光游览、休闲度假等产业，大力发展文化旅游产业，形成服务两广的高端文化休闲旅游基地

资料来源：粤桂合作特别试验区管理委员会网站，http://yghz.wuzhou.gov.cn：8000/info.php？ID=3220。

表1—2　　粤桂合作特别试验区拓展区的功能布局

空间布局	片区名称	园区基地	功能规划
拓展区（约40平方公里）	社学片区	新加坡裕廊产业园	主要吸收新加坡裕廊产业园电子、通信、装备制造高新技术企业，重点打造高端装备制造产业，建成中新合作工业示范园区
		新材料产业园	以稀土、钛白原料为基础，发展精深加工，同时大力发展先进复合材料、新能源材料、纳米材料、新型建设材料、高性能结构材料等，形成国家重要的新材料研发、生产基地和军民融合产业基地
		粤桂生态科技产业园	以生态网络为基底，以科技生态战略性新兴产业为主脉，建设生态住宅、有机农业、绿色工业项目，打造粤港澳科技生态园示范基地、绿色经济示范区
	平凤片区	平凤装备制造基地	贯彻循环经济发展理念和国家"节能减排"的方针政策，按照高起点、高科技、高效益、高产业链、高附加值、高度节能环保的新型工业化要求，主要建设智能装备、数控机床、汽车零配件、装备通用基础件、轨道交通装备等先进装备制造，形成两广重要的高端装备制造基地
		平凤新材料基地	重点布局新型建筑材料、新型化工材料、生物材料、汽车材料、超导材料与技术、纳米材料与技术等，形成国际知名的新材料创新中心和集研发、生产于一体的新材料聚集区

资料来源：粤桂合作特别试验区管理委员会网站，http://yghz.wuzhou.gov.cn：8000/info.php？ID=3220。

二 粤桂合作特别试验区的区位特征

肇庆市和梧州市是珠江—西江经济带上紧密相连的两颗璀璨明珠。肇庆市是珠三角最年轻的城市，也是珠三角连接大西南的枢纽门户城市，更是大湾区的重要节点城市之一；梧州市是中国西部大开发12省（自治区、直辖市）中最靠近粤港澳的城市，与粤港澳一水相连，水路距广州341公里、香港436公里、澳门384公里，为广西距港澳最近的港口口岸城市，具有承东启西的区位优势。

以肇庆市和梧州市为腹地的试验区具有多重经济区位的叠加优势。试验区位于"三圈两带一区"（珠三角经济圈、泛北部湾经济圈、大西南经济圈、珠江—西江经济带、粤桂黔高铁经济带和大湾区）的交汇节点，是东西部边界、省际边界和流域边界交集叠加区域。同时，试验区也是21世纪海上丝绸之路和面向三南（西南、中南及华南）战略支点的重要节点，是广西"双核"驱动发展战略支点的重要支撑，是国家战略珠江—西江经济带建设的核心内容和重要载体，是中国唯一横跨东西部两大区域的跨省流域经济合作试验区。

表1—3　　　　　　　　粤桂合作特别试验区所处经济区域

经济区域	行政区域	战略定位或功能
珠三角经济圈	"广佛肇+韶清云""深莞惠+汕尾、河源""珠中江+阳江"（珠海、中山、江门+阳江）等	通过粤港澳的经济融合和经济一体化发展，共同构建有全球影响力的先进制造业基地和现代服务业基地、南方地区对外开放的门户、我国参与经济全球化的主体区域、全国科技创新与技术研发基地、全国经济发展的重要引擎，辐射带动华南、中南和西南地区发展的龙头，我国人口集聚最多、创新能力最强、综合实力最强的三大区域之一

续表

经济区域	行政区域	战略定位或功能
（泛）北部湾经济圈	北部湾经济区（南宁、北海、钦州、防城港、玉林、崇左6市）及周边地区	发挥地缘优势，挖掘区域特质，建设面向东盟、服务"三南"（西南、中南、华南）、宜居宜业的蓝色海湾城市群
大西南经济圈	贵州、重庆、云南、四川、广西、西藏	各成员方在基础设施建设、矿产资源开发和能源建设、拓展旅游业、构建区域性大市场、科技兴农和扶贫开发及对口支援等方面进行了广泛合作
珠江—西江经济带	广州、佛山、肇庆、云浮和南宁、柳州、梧州、贵港、百色、来宾、崇左	西南中南开放发展战略支撑带，东西部合作发展示范区，流域生态文明建设试验区，海上丝绸之路桥头堡
粤桂黔高铁经济带	广州、佛山、肇庆、云浮、南宁、柳州、桂林、梧州、贵港、贺州、贵阳、黔东南、黔南	依托高铁网络，推动实现资本、技术、人才等要素的跨区域加速流动
粤港澳大湾区	香港、澳门两个特别行政区和广州、深圳、珠海、佛山、惠州、东莞、中山、江门、肇庆	充满活力的世界级城市群；具有全球影响力的国际科技创新中心；"一带一路"建设的重要支撑；内地与港澳深度合作示范区；宜居宜业宜游的优质生活圈

注：大珠江三角洲地区还包括香港、澳门特别行政区。

资料来源：笔者根据相关资料整理。

三 粤桂合作特别试验区的形成历程

从2011年开始孕育，到2014年呱呱坠地，再到如今的逐渐成长，试验区经历了不平凡的发展历程。

尽管早在20世纪80年代末，梧州市政协就开始着手启动西江流域城市间的合作并率先承办了西江走廊政协横向联系协作会议，但直到2011年粤桂合作才取得阶段性进展。2011年1月，梧、肇两市政协会聚梧州就"粤桂合作特别试验区发展概念规划"进行了讨论和交流，就粤桂合作特别试验区的土地利用规划、功能结构分析、产业定位、项目选择、生态环保等进行了探讨。"粤桂合作特别试验区发展概念规划"得到了梧、肇两市党委的充分肯定，引起了粤、桂两省（区）党委、政府及相关部门的高度重视和大力支持，并迅速进入协商合作程序。2011年12月11日，广东、广西两省（区）政府在北京签署《"十二五"粤桂战略合作框架协议》，提出在广西梧州市与广东肇庆市交界区域共同设立产业合作示范区的构想。随后，梧州市和肇庆市于2011年12月16日正式签署了《关于共建粤桂合作特别试验区框架协议》，把共同打造西江经济带，推动经济发展合作区建设，加快交通基础设施对接，全面深化产业合作，加强科技创新、环境保护、旅游、社会事务等方面的合作作为重点合作内容，并提出以两市交界为轴心，各划50平方公里，共同建设"粤桂合作特别试验区"，打造成为中国东西部区域合作的典范[①]，试验区建设被提到议事日程。2012年3月7日，参加全国政协十一届五次会议的驻粤、驻桂部分全国政协委员联合向大会提交了《加快发展西江经济带，建设粤桂合作特别试验区》的提案，粤桂合作特别试验区的概念首次向国家层面提出并引起了国家发展和改革委员会的重视，试验区迈出通向国家战略第一步。2012年9月24日，肇、梧两市第一次市长联席

[①] 中国政协网：《粤桂合作正当时 梧州政协力促合作特别试验区建设》，http://cppcc.people.com.cn/GB/34962/35010/17674001.html。

会审定试验区 2012 年 24 项重大项目和重要事项计划，开启了试验区梦想落地之旅。2012 年 11 月 29 日，粤、桂两省（区）领导在海南举办的第八届泛珠大会上共同签署《关于建设粤桂合作特别试验区的指导意见》，标志着试验区发展工作提升到两省（区）战略层面。

2013 年 4 月 27 日，肇、梧两市第二次市长联席会议在梧州市召开，审议通过了《粤桂合作特别试验区总体发展规划》，试验区未来发展的宏伟蓝图正式铺开。2013 年 7 月 10 日，国务院总理李克强在广西调研时表示，原则同意把珠江—西江经济带建设上升为国家战略。试验区由此成为珠江—西江经济带建设的核心内容和重要载体。2014 年 4 月 17 日，粤、桂两省（区）政府印发《广东省人民政府、广西壮族自治区人民政府关于同意粤桂合作特别试验区总体发展规划的批复》（桂政函〔2014〕69 号），标志着两省（区）正式批准建设粤桂试验区，试验区规划建设进入了全面实施阶段。2014 年 7 月 8 日，《国务院关于珠江—西江经济带发展规划的批复》发布，试验区作为珠江—西江经济带规划的独立章节正式上升为国家战略。

2014 年 10 月 13 日，在第十届泛珠大会上，广东、广西推进珠江—西江经济带发展规划实施联席会议第一次会议在广州召开，提出要精心打造粤桂合作特别试验区等标志性合作项目。两省（区）领导正式签署《粤桂合作特别试验区建设实施方案》，明确了试验区管理体制和运行机制，提出了 23 条支持试验区开发建设的具体政策，标志着我国目前唯一横跨东西部的省际流域合作特区——粤桂合作特别试验区进入更加务实建设的新阶段。2015 年 11 月 16 日，广东、广西推进珠江—西江经济带建设现场对接会在梧州召开，提出要重点加快试验区建设，创新体制机制，共同推进试验区建设实施方案的23条扶持政策落地，两省（区）领导共同为试验区联合管委会揭牌。2015年12月，国家发改委出台《关于进一步加强区域合作工作的指导意见》（发改地区〔2015〕3107号），明确支持省际交界地区开展合作试验，大力推动试验区等建设，积极探索统一规划、统一管理、合作共建、利益共享的合作新机制。2016年3月，国务院出台《关于深化泛珠三角区域合作的指导意见》（国发〔2016〕18号），明确大力支持试验区等跨省区合作平台发展。

纵观试验区的形成历程，试验区是粤、桂两省（区）立足于国家区域发展总体战略全局，推动区域协同发展的创新性实践，也是为推动跨省（区）边界合作积累新经验、探索新模式的大胆尝试。试验区的成立体现了党的十八大以来中国区域发展政策强调合作协调发展的导向精神，同时又是狠抓落实珠江—西江经济带发展规划的具体体现。

第二节　粤港澳大湾区的空间区划与形成历程

粤港澳，地理上一衣带水，毗邻而居；文化上，同根同源、民俗相近；经济上，优势互补，分工协同。改革开放以来，粤港澳合作不断深化实化，逐渐成为中国开放程度最高、生产力最旺盛的经济区域，具备了建成国际一流湾区和世界级城市群的基础条件。香港、澳门回归后经济保持了持续发展，澳门经济更是高速增长，但是，经济体系中的一些深层次矛盾也暴露出来。香港过度依赖金融和地产，创新能力下降，经济缺乏持续稳固支撑；澳门博彩业一业独大，经济结构相对单一。珠三角九市发展差距依然较大，协同性有待加强，市场经济体制有待完善，发展空间面临瓶颈制约。因此，建设大湾区是国家立足区域现实基础、顺应经济发展规律和着眼未来发展需要的重大部署。

一　粤港澳大湾区的区位概况

根据《粤港澳大湾区发展规划纲要》，大湾区是由香港特别行政区、澳门特别行政区和广东省广州市、深圳市、珠海市、佛山市、惠州市、东莞市、中山市、江门市、肇庆市组成的城市群，总面积为5.6万平方公里，2017年年末总人口约7000万人，是我国开放程度最高、经济活力最强的区域之一，在国家发展大局中具有重要战略地位。大湾区被誉为与美国纽约湾区、旧金山湾区和日本东京湾区比肩的世界四大湾区之一。

大湾区的区位条件优越，粤港澳大湾区"三面环山，三江汇聚"，背靠内陆，连接港澳，面向东盟，是太平洋和印度洋的航运要冲；湾区往东是海峡西岸，往西是北部湾，往南是东南亚，往北是长江经济带，交通优势突出。

海运方面，大湾区海域宽广，海岸线漫长，质深水港口数量众多，有年吞吐量超2亿吨的广州、深圳、香港港，1亿吨的东莞、珠海港，年吞吐量超5000万吨的佛山、惠州、中山、江门港，具有世界一流的海上交通运输能力。

陆上交通方面，港珠澳大桥直接联系香港、珠海和澳门，深中通道直接联系深圳和中山，虎门大桥、虎门二桥则连接东莞、南沙、番禺，随着港珠澳大桥、深中通道、虎门二桥等跨珠江通道的完成，珠江东西两岸流动将更加通畅。

航空运输方面，大湾区拥有世界级机场群，有香港、澳门、广州、深圳、珠海五大机场，机场群的客运规模和运输能力均超过了伦敦、纽约、东京等世界级机场群，位居全球湾区机场群之首。

轨道交通方面，大湾区拥有由高铁、普铁、城际轨道、城市轨道（市域快线、普速线路）组成的多层次轨道交通网络。珠三角地区共规划广州—珠海、广州—佛山、广州—东莞—深圳、东莞—惠州、佛山—肇庆、广州—清远、广州—佛山环线、佛山—东莞、珠海市区—珠海机场、广州—佛山—江门—珠海、中山—南沙—虎门、深圳—惠州、肇庆—南沙、广州—增城—惠州、江门—开平—恩平（含台山支线）15条城际轨道交通线路，合计里程约1430公里。大湾区城市群有望实现高效快捷的"一小时轻轨交通圈"。

二 粤港澳大湾区的经济概况

从大湾区外联的经济区域看，大湾区作为大珠三角核心圈的重要部分，是珠江—西江经济带的重要板块，是丝绸之路经济带和21世纪海上丝绸之路的交会点，是我国与海上丝绸之路沿海国家、沿线国家海上往来距离最近、关系最密切的经济发达区域。

从大湾区内含的经济单元看，大湾区囊括了香港和澳门两个自由港，深圳、珠海两个经济特区，南沙、前海蛇口和横琴三个自贸片区，具有自由港、自贸区、经济特区等多重经济体的先发优势和政策叠加优势，是中国开放程度最高的区域平台。

从大湾区的产业集群看，珠江西岸主要为技术密集型产业带，装备制造业高度发达，智能装备制造、船舶与海洋工程、新能源装备等产业相对突出；东岸主要为知识密集型产业带，以互联网、人工智能、科技创新等"新兴产业+高科技"为主。大湾区具有较完整的产业链和丰富的产业集群，既有通信电子信息、新能源汽车、无人机、机器人等高端产业集群，同时也有石油化工、服装鞋帽、玩具加工、食品饮料等中低端产业集群。

大湾区依托珠江入海口，地处"广佛肇""深莞惠"和"珠中江"三大经济圈以及香港、澳门两大对外窗口城市的深度融合区域。其中，香港为国际金融中心、航运中心、贸易中心和国际航空枢纽；澳门为世界旅游休闲中心，也是世界四大赌城之一，博彩业、旅游业和金融业发达；深圳是一个年轻的、充满活力的现代化、国际化创新型城市，具有出色的科技创新能力和新型产业优势；广州是省会城市，是华南政治、经济及文化中心，拥有完善的产业格局和经济体系；东莞是全球最大的制造业基地之一，拥有齐全的产业体系；珠海、佛山、惠州、中山、江门、肇庆等其他城市也各具优势。

三　粤港澳大湾区的形成历程[①]

（一）第一次规划——城镇体系概念提出

早在20世纪80年代末，广东省已经开始了第一次的城镇

---

① 《从"珠三角城镇体系"到"大湾区集合城市"》，https://mp.weixin.qq.com/s/XdGydat3IAPiywhwL6LxEg。

体系规划①。1989年，为了适应经济转变和中小城镇迅速崛起，为了把珠三角的城镇建设成规模结构合理、职能各具特色、地区布局有序的理想城镇体系，广东省建委编制了《珠三角城镇体系规划》，当时的规划提出了相邻城镇联合发展的建议。这次城镇体系规划的探索为其后的珠三角城市发展建设起到了很好的指导作用，因为这是第一次从区域上而不是局限于广东省的辖区城镇考虑城镇未来的发展。

（二）第二次规划——城市群概念出现

在1992年邓小平"南方谈话"后，广东省通过深化改革，全方位、多层次地扩大对外开放，珠三角的经济发展已经有了一定的规模。1994年，广东省提出了珠江三角洲经济区的概念并开始编制珠江三角洲现代化建设规划，这个规划既包括产业发展、基础设施建设、环境保护，也包括城镇的发展。在规划的修编过程中有专家提出了城市群的概念，最后编制了包括《珠江三角洲经济区城市群规划》在内的多个专项规划。该规划提出了建设"一个整体——珠江三角洲有机协调的城市群；一个核心——广州市中心城区；两个发展主轴——广州至深圳和广州至珠海发展轴线；三个大都市地区——中部和珠江口东岸、西岸都市地区"的城市群空间发展战略。

（三）第三次规划——湾区概念亮相

经过二十多年的高速增长后，发展需求和供给的结构性失衡在一定程度上制约了珠江三角洲的可持续发展，经济增长与

---

① 梁雯昕：《珠三角规划17年经历从城镇体系到城市群大变迁》，http://finance.sina.com.cn/review/20060106/16572255437.shtml。

资源短缺、社会需求提高与公共供给滞后、城镇快速扩张与环境压力加大的矛盾日益凸显。同时，珠江三角洲城镇群内还面临着经济、社会和城镇发展不平衡的核心问题。广东省要保持可持续的快速发展，需要在珠三角建立有效的区域协作发展机制，推进区域一体化发展进程，于是出台了《珠江三角洲城镇群协调发展规划（2004—2020）》。该规划强调产业、交通、生态与空间发展的协同；通过轴带体系建构和中心体系培育，推进区域与城乡统筹；通过空间政策区划和管治引导，实现区域发展机会的公平；通过实施机制建设和行动计划，加强规划的实施性。湾区概念在本次规划中也首次登台亮相。

同期，由广东省倡导的泛珠三角区域合作（即"9+2"）得到了福建、江西、湖南、广西、海南、四川、贵州、云南八省（区）政府和香港、澳门特别行政区政府积极响应和社会各界的广泛赞同。"9+2"泛珠三角区域合作与发展的构想被提了出来，《泛珠三角区域合作发展规划纲要（2006—2020年)》也应运而生。

（四）第四次规划——珠三角区域一体化上升至国家层面

2008年，国内外经济形势发生了深刻变化，金融危机不断扩散蔓延并严重影响了实体经济，珠江三角洲地区的发展也受到严重冲击。先行开放政策优势减小，国内外经济形势也发生了深刻变化，珠江三角洲地区正处在经济结构转型和发展方式转变的关键时期，进一步的发展面临严峻挑战。在改革开放30周年之际，从国家战略全局和长远发展出发，为促进珠江三角洲地区增创新优势，进一步发挥对全国的辐射带动作用和先行示范作用，国务院颁布了《珠江三角洲地区改革发展规划纲要

(2008—2020年)》,这标志着珠江三角洲区域经济一体化规划由区域层面上升至国家层面。规划的范围以广东省的广州、深圳、珠海、佛山、江门、东莞、中山、惠州和肇庆为主体,辐射泛珠江三角洲区域,并将与港澳紧密合作的相关内容纳入规划,规划期至2020年。这个规划围绕"着力加强与港澳合作,扩大对内对外开放,率先建立更加开放的经济体系"的指导思想,提出构建开放合作新格局:发挥中心城市的辐射带动作用;优化珠江口东岸地区功能布局;提升珠江口西岸地区发展水平;推进珠江三角洲区域经济一体化;带动环珠江三角洲地区加快发展。

为有效利用粤港澳三地资源,促进生产要素顺畅流动和三地的分工协作,提高大珠三角整体的国际竞争力,建设充满生机、活力的世界级城镇群,粤港、粤澳城市规划及发展专责小组合作开展了策略性区域规划研究并于2009年发布了《大珠江三角洲城镇群协调发展规划研究》。为跟进这项研究,粤港澳三地政府达成合作开展《环珠江口宜居湾区建设重点行动计划》的共识,并将此列为粤港、粤澳合作框架协议的一项区域重点合作规划项目,三地规划合作由过去"策略性规划研究"开始向"可操作性行动计划"转变。为推动珠三角朝着建设世界级城市群的目标迈进,珠三角于2014年年底开始启动《珠江三角洲全域规划》的编制工作,这是中国首个区域性的全域规划。

(五)第五次规划——粤港澳大湾区建设成为国家战略

1978—2014年,粤港澳内部区域"前店后厂""厂店结合"等经济关系先后在粤港澳内部的合作与发展中起到重要的推动作用，2015年后中国经济面临着国际、国内的双重压力与挑战，国际上，贸易保护主义抬头；国内，供给与需求结构不匹配、区域发展不平衡不充分等问题突出，无论是"前店后厂"还是"厂店结合"的模式，"店"和"厂"的功能都被削弱，经济增长内生动力有待增强。

  2015年3月，国家发展改革委、外交部、商务部联合发布了《推动共建丝绸之路经济带和21世纪海上丝绸之路的愿景与行动》，首次提出要"深化与港澳台合作，打造粤港澳大湾区"。2016年3月发布的《中华人民共和国国民经济和社会发展第十三个五年规划纲要》明确提出"支持港澳在泛珠三角区域合作中发挥重要作用，推动大湾区和跨省区重大合作平台建设"；同月，国务院印发《关于深化泛珠三角区域合作的指导意见》，明确要求广州、深圳携手港澳，共同打造大湾区，建设世界级城市群。2017年的《政府工作报告》中提出，"要推动内地与港澳深化合作，研究制定粤港澳大湾区城市群发展规划，发挥港澳独特优势，提升在国家经济发展和对外开放中的地位与功能"，这标志着粤港澳区域发展已经上升为国家战略，大湾区作为中国经济新引擎受到世界瞩目。2017年4月，李克强总理会见香港特别行政区第五任行政长官林郑月娥时表示，"今年，中央政府要研究制定粤港澳大湾区发展规划"，预示未来粤港澳三地协同合作将达到新高度，并成为提升珠三角区域整体国际竞争力的引擎。2017年7月1日，在习近平主席的见证下，香港特别行政区行政长官林郑月娥、澳门特别行政区行政长官崔世安、国家发展和改革委员会主任何立峰、广东省省长马兴瑞共同签署了《深化粤港澳合作 推进大湾区建设框架协议》。2019

年2月18日，中共中央、国务院印发了《粤港澳大湾区发展规划纲要》，并发出通知，要求各地区各部门结合实际认真贯彻落实。

表1—4　　　　　　　　粤港澳大湾区规划建设脉络梳理

时间	文件	主要内容
2005年8月	广东省政府《珠江三角洲城镇群协调发展规划（2004—2020）》	划分粤港澳跨界合作发展地区，把发展"湾区"（环珠江口地区）列入重大行动计划
2008年12月	国家发改委《珠江三角洲地区改革发展规划纲要（2008—2020）》	到2020年，形成粤港澳三地分工合作、优势互补、全球最具核心竞争力的大都市圈之一，支持共同规划实施环珠江口地区的"湾区"重点行动计划
2009年10月	粤港澳三地政府《大珠江三角洲城镇群协调发展规划研究》	合力建设充满生机与活力、具有全球竞争力的协调可持续的世界级城镇群，提出"一湾三区"集聚、"三轴四层"拓展、"三城多中心"发展的整体空间结构，其中"一湾"指珠江口湾区
2010年4月	《粤港合作框架协议》	率先建设在全国乃至亚洲具有较强引领作用、更具活力、发展潜力和国际竞争力的世界级新经济区域；实施环珠江口宜居湾区建设重点行动计划
2015年3月	国家发展改革委、外交部、商务部《推动共建丝绸之路经济带和21世纪海上丝绸之路的愿景与行动》	充分发挥深圳前海、广州南沙、珠海横琴、福建平潭等开放合作区的作用，深化与港澳台合作，打造粤港澳大湾区
2016年1月	《广东省政府工作报告（2016年）》	开展珠三角城市升级行动，联手港澳打造粤港澳大湾区

续表

时间	文件	主要内容
2016年3月	《国务院关于深化泛珠江三角区域合作的指导意见》	充分发挥广州、深圳在管理创新、科技进步、产业升级、绿色发展等方面的辐射带动和示范作用,携手港澳共同打造粤港澳大湾区,建设世界级城市群
2016年3月	全国"十三五"规划	支持港澳在泛珠江三角区域合作中发挥重要作用,推动粤港澳大湾区和跨省区重大合作平台建设
2016年3月	广东省"十三五"规划	以建设大珠三角世界级城市群为重点,促进粤港澳跨境基础设施全面对接,加强创业创新合作,营造宜居宜业环境,发展具有全球影响力和竞争力的粤港澳大湾区经济
2016年11月	国家发改委办公厅《关于加快城市群规划编制工作的通知》	2017年拟启动珠三角湾区城市群等跨省域城市群规划编制
2017年1月	《广东省政府工作报告(2017年)》	携手港澳推进珠三角世界级城市群和粤港澳大湾区建设
2017年3月	《国务院政府工作报告(2017年)》	要推动内地与港澳深化合作,研究制定粤港澳大湾区城市群发展规划,发挥港澳独特优势,提升在国家经济发展和对外开放中的地位与功能

资料来源:任泽平:《粤港澳大湾区升为国家战略 推荐关注三大主线》,http://fund.eastmoney.com/news/1591,20170620748255488.html。

第三节 粤桂合作特别试验区"东融"粤港澳大湾区战略的提出

建设大湾区上升到全方位对外开放的国家战略,这在赋予粤港澳城市群时代使命的同时，也为珠江—西江经济带和中南、西南地区未来的发展带来了新的机遇。随着2017年大湾区列入国务院《政府工作报告》以及《粤港澳大湾区发展规划纲要》的出台，相关省（区）也将全面对接大湾区建设列入本省（区）的行动计划。

一 粤桂合作特别试验区"东融"战略的理论及现实依据

（一）理论依据

根据区域经济学中的增长极理论，增长极地区对周边地区会产生极化效应（回波效应）和扩散效应。极化效应会使各种生产要素向增长极回流和聚集，加剧增长极与周边地区的经济不平衡。扩散效应则是增长极通过一系列联动机制向周边地区发散，进而带动周边落后地区经济迅速发展，从而逐步缩小与先进地区的差距。从世界各国的实践情况看，极化效应往往大于扩散效应，导致增长极地区越来越发达，周边地区越来越落后。实施区域协调发展战略是新时代国家的重大战略之一，《粤港澳大湾区发展规划纲要》明确指出，大湾区的建设要坚持极点带动、轴带支撑、辐射周边，推动大中小城市合理分工、功能互补，进一步提高区域发展协调性，促进城乡融合发展，构建结构科学、集约高效的大湾区发展格局。因此，梧州作为西部欠发达城市，为了实现协同发展，避免被大湾区龙头城市"虹吸"，不应被动地等待大湾区龙头城市的扩散效应，而是必须采取积极措施，积极承接产业转移，努力提高与大湾区的分工合作。

（二）优势条件

试验区具有突出的"东融"条件：一是优惠政策的叠加选

用,《珠江—西江经济带发展规划》明确支持试验区在重点领域和关键环节大胆探索、先行先试,广东、广西两省（区）在管理权限范围内共同赋予试验区同等的支持政策和先行先试政策,即东西部及两广政策叠加、择优选用、先行先试。两省政府共同签署的《粤桂合作特别试验区建设实施方案》明确给出了土地、财税、金融、开放合作、生态保护五大领域的 23 条具体优惠政策,适用于梧州的西部大开发政策、少数民族政策、国家级产业转移示范区政策以及适用于肇庆的广东"双转移"政策、振兴粤东西北政策等均可在试验区叠加选用。二是区位优势突出,试验区位于"三圈一带一区"的交会节点,是广西乃至西南地区接受粤港澳台地区产业、技术、资金转移的最前沿地区,承东启西,具有明显的区位优势。三是交通网络完善,拥有集公路、铁路、水运、管道、航空于一体的现代化综合交通运输体系。五条高速公路、四条铁路干线、一条黄金水道、一个航空港、一条"西气东输"管道在梧州境内交会,为实现与大湾区之间的无缝对接提供了较为完善的互通互联交通网络。四是劳动人口充足,梧州市的人口红利和较低的劳动力成本可为承接大湾区产业转移提供充分的劳动要素保障,劳动力富余以及劳动要素成本的比较优势可有效保障试验区吸纳大湾区的产业转移所需的劳动力供给。五是黄金水系纵横,坐拥西江"黄金水道"是试验区"东融"大湾区的天然优势,作为连接两广水上交通大动脉的西江,支流众多、分布面广、水量丰富,冬季不结冰,对发展航运和沿江经济极为有利,既可为粤港澳地区企业及物流贸易商提供低成本、高效率的物流与中转通道,还可为粤桂开展沿江旅游经济合作、承接东部产业转移提供广阔的市场。六是历史文化相融,梧州与广东在政治、经济、文化等方面的交流合作源远流长,为试验区"东融"大湾区和承接东部产业转移奠定了深厚的民意基础,历史文化的一脉相通为试验区与粤港澳城市开展全面、深入的经贸合作构筑了良好的人文条件。七是社会稳定和谐,试验区及梧州市稳定的社会环境和良好的治安状况,为试验区的企业家专心创业、放心投资、安心经营提供了最过硬的投资软环境,可有效降低投资风险和交易成本,坚定投资者的投资信心。

(三) 战略背景

尽管直至2018年"东融"一词才作为广西"打造全方位开放发展新格局"的重要方面而被正式提出,但事实上广西一直在致力于与广东的经贸合作,如参与泛珠三角合作、珠江—西江经济带、CEPA等,这些都属于"东融"的范畴。只是随着大湾区的提出和广西经济发展外部环境的改变,广西把"东融"战略提升到了一个新的高度并赋予其新的使命和内涵。

2018年4月,广西壮族自治区党委书记鹿心社在钦州、北海、防城港三市调研时指出,广西要在"'南向''北联''东融''西拓'上下更大功夫、取得更大实效……'东融',要主动融入对接珠三角、粤港澳大湾区发展,进而与长三角、京津冀等沿海发达地区加强合作,主动承接产业转移,着力引进资金、技术、人才等,借力加快发展。"同年6月,鹿心社到梧州市调研时指出,梧州"要毫不动摇地坚持'东融',全面对接大湾区、深度融入珠三角、提升珠西经济带、建好广西东大门"。随后,中共梧州市委员会印发了《中共梧州市委员会关于毫不动摇实施"东融"战略的决定》，将建好粤桂合作特别试验区，打造"东融"示范平台作为梧州市实施"东融"战略的七项重点任务之一。

2019年5月20日，中共广西壮族自治区党委办公厅和广西壮族自治区人民政府办公厅联合印发《广西全面对接粤港澳大湾区实施方案（2019—2021年）》，要求"聚焦交通互联、产业转移、生态合作、扶贫协作、平台引领、政策衔接、人才交流、机制协调八个关键领域，务实推进重大项目、重大政策落地实施，全面对接大湾区建设"，并且明确提出要"推动粤桂合作特别试验区成为融入大湾区的重要平台"。为落实《广西全面对接粤港澳大湾区实施方案（2019—2021年）》关于"加大政策衔接对接"的任务，2019年5月21日广西、广东两省（区）人民政府联合印发《全面对接粤港澳大湾区 粤桂联动加快珠江—西江经济带建设三年行动计划（2019—2021年）》，明确把"推动粤桂合作特别试验区成为大湾区建设的重要载体"作为"加快完善体制机制，全面提升重大合作平台"的首要举措。

二 粤桂合作特别试验区"东融"粤港澳大湾区的空间协同

党的十八大以来，中国的区域经济发展战略进入以全面建成小康社会为目标的区域合作协同发展的新阶段[①]。在区域合作协同发展的背景下，城市不再是一个封闭的、孤立的经济系统，

---

① 汪同三编：《粤桂合作特别试验区体制机制改革创新研究》，中国社会科学出版社2018年版。

而是通过各种网络与区域内其他城市紧密联系在一起，以城市群和都市区等形式成为一个区域经济体系。由肇庆市和梧州市共同建设的试验区有望在"生产、生活、生态"上全方位、高起点、宽领域融入大湾区，与大湾区的其他城市因地制宜，实现优势互补、互利共赢的协同发展。

（一）空间协同分析

从纽约湾区、旧金山湾区、东京湾区的实践经验看，湾区城市会逐步形成产业分工合作的格局，表现为生产性服务业在中心城市集聚，而低端、成熟的制造业外迁至外围城市集聚的现象[①]。目前，香港是国际重要的服务、航运、金融中心并向以服务业为主的城市经济体转型；澳门是国际旅游休闲中心并将在此基础上打造为以中华文化为主流、多元文化共存的交流合作基地；珠三角是具有全球影响力的制造业重要基地，同时也是全国科技创新与技术研发基地。这是当前大湾区区域产业分工合作的格局。

三大经济圈是大湾区协调发展的重要支撑，试验区所处的肇庆市是广佛肇经济圈的核心城市之一，这为试验区全面融入大湾区的建设提供了良好的基础。2009 年由广州、佛山、肇庆三市共同签署的《广佛肇经济圈建设合作框架协议》提出，以交通基础设施建设为先导，以产业和劳动力"双转移"为切入点，以战略思维和整体理念推进一体化发展规划，引领广佛肇经济圈全面协调可持续发展。经过十年的建设与发展，广

---

① 雷玉桃、薛鹏翔：《粤港澳大湾区城市功能分工与制造业发展的现状与未来》，《新经济》2018 年第 7 期。

州在重大战略性基础设施、重大战略性主导产业和重大战略性发展载体上取得了突破，国际商贸中心和世界文化名城的建设也得到了夯实，国家中心城市的功能也得到了强化。佛山以信息化提升产业发展，促进产业向价值链高端延伸，机械装备、电子信息、汽车制造等现代制造业与高新技术产业得到了壮大，金融后台服务等现代服务业也得到了开拓，南方重要现代制造基地的地位也日益凸显。肇庆通过发挥资源与生态优势，积极承接广州和佛山的产业与资本转移，金属加工、新型建材、林浆纸一体化、林产化工、服装制鞋、食品饮料等传统优势产业不断壮大，传统优势产业转型升级集聚区的特色也愈加明显。此外，深莞惠经济圈的一体化发展也为大湾区奠定了良好的产业分工基础，深圳凭借强劲的创新动力和良好的创新平台成为国际创新服务中心；东莞凭借完整的产业链和完善的配套基础成为世界制造基地和全球 IT 制造业重点城市；惠州凭借丰富的水资源和石化资源成为世界知名的石化产业基地。"珠中江"经济圈城市的紧密合作也为大湾区的协同发展创造了很好的条件，珠海逐步培育形成了电子信息、石油化工、家电电气、精密机械制造、生物医药和电力能源业等主导产业，具备了成为国家级大装备制造中心的产业基础。中山经历了传统产业集群的升级，形成了电子电器、五金家电、灯饰光源等具有较强竞争力的特色产业集群，正在向中国白色家电基地迈进。江门作为著名的园林城市，水资源和土地资源比较丰富，与港澳合作建设的江门大广海湾经济区更是江门与海外侨胞沟通的平台。

表1—5 大湾区内地9市与梧州市的经济社会数据

指标	单位	广州市	深圳市	珠海市	佛山市	肇庆市	惠州市	东莞市	中山市	江门市	梧州市
土地面积	平方公里	7249.27	1997.47	1736.46	3797.72	14891.23	11347.39	2460.08	1783.67	9506.92	12572.00
GDP	十亿元	2150.32	2249.01	267.52	939.85	211.00	383.06	758.21	343.03	269.03	133.81
人均GDP	元	150677.79	183544.00	155502.00	124323.93	51463.54	80204.81	91329.00	105710.72	59089.00	44193.00
GDP增速	%	7.00	8.80	10.80	8.30	5.20	7.60	8.10	5.90	8.10	6.70
常住人口数	千人	14498.40	12528.30	1765.43	7656.70	4115.40	4777.00	8342.50	3260.00	4561.70	3037.40
非农业人口数	千人	7662.90	3466.00	1102.20	3856.10	1201.60	2076.20	988.60	823.50	2201.70	1277.49
一产占比	%	1.03	0.09	1.82	1.42	15.48	4.35	0.30	1.62	6.96	10.19
二产占比	%	27.95	41.43	48.12	57.72	36.56	52.66	48.31	50.29	49.25	58.72
三产占比	%	71.02	58.48	50.06	40.86	47.96	42.99	51.38	48.09	43.78	31.09
固定资产投资	百万元	591983.16	514731.52	166202.14	426579.19	149755.47	223487.68	171282.91	124848.16	177483.48	133015.00
外商直接投资	百万美元	6288.68	7401.29	2433.05	1623.47	181.33	1143.51	1719.72	509.33	510.97	10.85
从业人数	千人	8623.28	9432.92	1123.68	4355.08	2213.06	2890.99	6603.92	2121.81	2449.39	213.19
平均工资	元	98612.00	100173.00	81014.00	72712.00	65227.00	70890.00	61619.00	68034.00	66107.00	57618.00
一产从业人数	千人	620.03	1.13	61.59	213.73	1066.27	490.18	57.94	99.84	788.88	0.74
二产从业人数	千人	2866.10	4192.91	547.95	2470.41	570.32	1439.75	4507.79	1381.06	971.26	91.90
制造业从业人数	千人	761.80	2297.10	376.10	1094.50	163.50	659.70	1864.60	529.70	268.80	66.41

续表

指标	单位	广州市	深圳市	珠海市	佛山市	肇庆市	惠州市	东莞市	中山市	江门市	梧州市
三产从业人数	千人	5137.15	5223.57	514.14	1670.95	576.48	961.06	2038.20	640.92	689.25	120.56
人均消费支出	元	37496.13	38320.12	32981.40	32648.00	14867.71	22968.83	31849.46	29034.22	19302.36	13223.50
财政支出	百万元	218601.30	459380.03	49388.52	77495.51	27115.38	55401.30	66764.62	45522.28	33326.25	24229.95
社会消费品零售额	十亿元	940.26	601.62	112.82	332.04	80.99	136.35	268.79	130.99	127.96	44.59
电力消费	十亿千瓦时	86.96	87.22	16.27	67.38	16.88	36.83	76.07	27.94	26.71	2.87
互联网接入用户数	千户	5220.00	4630.00	1410.60	2655.40	3660.00	1827.00	1756.70	1784.00	1480.00	492.60
私人汽车拥有量	千辆	1912.61	2622.44	484.09	2098.60	458.19	964.77	2395.59	892.28	639.60	182.18
房地产开发投资	百万元	270289.35	213585.65	66611.58	145398.98	20803.93	88419.49	70215.44	62397.48	45055.63	6639.98
普通高等学校数	所	82	12	10	13	5	5	9	5	3	2
在校大学生人数	千人	1067.30	96.70	136.80	122.01	88.52	40.02	118.40	53.61	40.64	33.60

注：非农业人口数是2014年的数据，深圳市一产从业人数是2016年的数据，梧州市制造业从业人数是2016年的数据，其余为2017年的数据。

资料来源：CEIC中国经济数据库。

表1—5是大湾区内地的9个城市和梧州市的经济社会数据,可以看到这10个城市在经济发展水平、产业结构、城市用地潜力、劳动力供给等方面各具优势,大湾区中心城市与节点城市良好的产业分工合作基础、梧州市与粤港澳城市群的发展梯度为试验区融入大湾区的协同发展创造了有利的空间协同条件。

(二) 空间协同策略

1. 生产空间协同策略

试验区应当在产业上主动融入大湾区城市群的产业分工与协作。根据《粤港澳大湾区发展规划纲要》,肇庆作为大湾区的重要节点城市,要充分发挥自身优势,深化改革创新,增强城市综合实力,要建设成与中心城市功能互补、互动合作的重要节点城市。在共建现代产业体系上,肇庆市提出了实施工业发展的"366"头号工程,即到2021年培育新能源汽车、先进装备制造、节能环保3个千亿元产业集群,加快引育6家主营业务收入超百亿元工业企业,加快形成600家主营业务收入超亿元工业企业。梧州市在《加快融入粤港澳大湾区 建好广西东大门(梧州)三年行动计划(2019—2021年)》中提出了要加快发展新一代信息技术、生物医药、新能源、节能环保等新兴产业,培育发展新动能,到2021年,力争新一代信息技术产值达到100亿元,生物医药产业产值达到15亿元,新能源产业产值达到30亿元,节能环保产业产值达到50亿元。

试验区应当在盘活梧州市传统优势产业的基础上,结合大湾区城市群的产业布局与梧州市的资源禀赋,利用新一轮的技术变革,引领出与大湾区错位发展的新产业,以实现与大湾区的优势互补。具体而言，因地制宜地大力推进"大数据+航运物流生产性服务业""大数据+林产林化产业""现代船舶装备制造业""大数据+现代绿色蔬菜生态农业示范基地""大数据+西江流域旅游产业""特色食品精深加工产业"等一批具有较大规模的产业。

2. 生活空间协同策略

除了需要在产业上融入大湾区的建设外，居民群众生活空间的协调也是全面"东融"的重要组成部分。试验区乃至梧州市应当本着区域一体化的发展理念，通过加强试验区的产城融合发展促进居民群众在生活上与大湾区群众实现生活与文化交流的常态化发展。试验区需要持续集中资源提供道路、教育、医疗和娱乐等优质公共服务，持续提升城市人居环境质量，打破城市居住区、科教创新园区和产业园区的功能梗阻，实现产城融合发展，正式开启从产业园区向城市新区的转型发展道路。

3. 生态空间协同策略

桂江汇入浔江后称西江，西江出梧州市即入广东省境，西江从试验区的主体区穿流而过。西江广西段的径流量大、流域面积广，广西对西江的生态保护直接影响着下游的广东省。一直以来，得益于整个广西的生态文明建设以及西江流域的生态保护，西江水质常年保持着Ⅱ类以上水质，形成了珠江上游稳定的生态屏障，因此，西江流域广东段受益的最大来源是广西对境内西江流域的生态保护。

2015年年底，第二次广东、广西两省（区）联席会议决议提出在环境监测、污水处理、生态产业发展等方面开展全面合作，坚决杜绝在西江干流新建排污口，积极探索建设流域生态文明发展试验区。试验区地处两省（区）交界处，这对两省（区）积极探索生态建设合作并建立生态补偿机制具有重要优势，肇、梧两市可就受益地区与保护生态地区、流域下游与上游的资金补偿、对口协作、产业转移、人才培训和共建园区等方式探索生态补偿机制，促进试验区与大湾区在生态文明建设上的协同作用。

三 粤桂合作特别试验区"东融"粤港澳大湾区的空间溢出

试验区全面"东融"大湾区的意义并不仅限于试验区140平方公里面积的范围，更重要的是，试验区还将通过"东融"产生溢出效应。首先，试验区"东融"可将大湾区政策延伸至试验区的同时，也推进了梧州市与大湾区城市的协同发展，这是第一层溢出效应。其次，随着梧州市承接大湾区的产业转移、重点产业对接协作以及与大湾区经济、文化交流的增强，邻近的贺州市、玉林市等广西其他城市也将参与到大湾区的产业合作与分工，这是第二层溢出效应。最后，广西通过"东融"获得高质量发展将为珠江—西江经济带的高质量发展产生示范作用，从而有可能形成第三层溢出效应。因此，试验区要抓住机遇，主动融入大湾区的产业合作，共建"飞地园区"，并早日产生溢出效应红利。

第 二 章

粤桂合作特别试验区"东融"粤港澳大湾区之时间轴

为紧抓国家实施大湾区建设这一重大历史机遇，充分发挥试验区全面"东融"的先行示范平台作用，本章根据《中共广西壮族自治区委员会　广西壮族自治区人民政府关于全面对接粤港澳大湾区加快珠江—西江经济带（广西）发展的若干意见》精神，结合《广西全面对接粤港澳大湾区建设总体规划（2018—2035年）》《广西全面对接粤港澳大湾区实施方案（2019—2021年）》《加快融入粤港澳大湾区　建好广西东大门（梧州）三年行动计划（2019—2021年）》等行动方案，并借鉴产业结构演变理论与经济发展阶段理论，对试验区2019—2035年"东融"大湾区的行动路径进行展望。

第一节 完善基础设施以吸引湾区产业转移(2019—2021年)

一 完善基础设施网络

具有典型经济外部性的基础设施历来是政府调控宏观经济、促进经济增长的投资重点。Rosenstein – Rodan（1943）认为交通等基础设施是一种社会先行资本，必须优先发展[1]；罗斯托也认同交通等基础设施是一种社会先行资本，并认为交通等基础设施发展是实现"经济起飞"的一个重要前提条件[2]。《粤港澳大湾区发展规划纲要》要求，"依托高速铁路、干线铁路和高速公路等交通通道，深化大湾区与中南地区的合作交流，加强大湾区对西南地区的辐射带动作用。"2018年10月国务院发布《关于保持基础设施领域补短板力度的指导意见》，明确把"加快启动一批国家高速公路网待贯通路段项目和对'一带一路'建设、京津冀协同发展、长江经济带发展、粤港澳大湾区建设等重大战略有重要支撑作用的地方高速公路项目"列为公路、水运领域补短板的重要任务。因此，梧州要抢抓国家大力"补基础设施短板"的机遇期，加快基础设施与大湾区互联互通，积极融入粤港澳世界级港口群、机场群、高铁和高速公路网，构筑和大湾区联通快捷的交通系统。

---

[1] Rosenstein – Rodan P. N. , " Problems of Industrialisation of Eastern and South – Eastern Europe", *Economic Journal*, Vol. 53, 1943.

[2] Rostow, W. W. , *The Stages of Economic Growth：A Non – Communist Manifesto*, Cambridge University Press, 1960.

当前，五条高速公路、四条铁路干线、一条黄金水道、一个航空港、一条"西气东输"管道在梧州境内交会，这为实现与大湾区之间的无缝对接提供了较为完善的互通互联交通网络。尽管梧州市环城公路的开通正式打通了梧州通往肇庆、佛山、广州"最后一公里"的关键节段，试验区通过加大基础设施的投入力度，基础设施支撑能力也有了较大的改善，但是，试验区的基础设施建设方面还存在短板。由于试验区与高速公路以及肇庆—梧州3000吨级航道改造工作等基础设施建设滞后，尚难满足快速发展的需要。在生产性服务配套设施中，研究机构仍然缺乏，综合保税区尚在申报中，路网的支线以及小路网建设尚待完善，紫金村码头、中储粮码头和塘源防洪堤、给排水等设施尚未完成，虽然具有一定规模的仓储、物流设施，但与建成"面向港澳及东盟地区的区域性商贸物流中心及国际化物流中心"还有较大的差距。在生活性服务配套设施中，园区员工宿舍和商业活动区尚在建设中还无法引入金融、餐饮娱乐等服务业，入园企业职工的基本生活需求无法得到保障，试验区内还没有学校、医院等教育医疗设施，入园企业职工子女入学和就医极不方便。完善基础配套设施是试验区"东融"大湾区的重要前提，因此，2019—2021年试验区亟须补齐基础设施和生活配套设施短板。

二 积极承接大湾区产业转移

梯度推移理论认为，由于经济技术的发展是不平衡的，不同地区客观上存在经济技术发展水平的差异，即经济技术梯度，而产业的空间发展规律是从高梯度地区向低梯度地区推移[①]。梧州市与大湾区城市之间由于经济基础、科技水平和人力资本等方面的差异,形成了经济技术的整体梯度,这为梧州市承接大湾区的产业转移提供了客观条件。

《粤港澳大湾区发展规划纲要》要求,"发挥粤港澳大湾区辐射引领作用,促进泛珠三角区域要素流动和产业转移,形成梯度发展、分工合理、优势互补的产业协作体系。"试验区可在科学把握大湾区城市产业结构的基础上,根据工业和信息化部于2018年11月发布的《产业转移指导目录(2018年本)》中广东省的引导优化调整的产业,制定试验区的采用产业准入的"负面清单"和"正面清单",经过积极筛选后主动承接大湾区的产业转移。在试验区打造一批上级政策支持的产业集群,如电子信息、新能源、高端装备制造等重点产业。

试验区成立以来,共注册各类企业318家,其中规模以上工业企业40家,2018年,完成工业总产值69亿元,规模以上工业增加值17.9亿元,完成招商引资到位资金65.18亿元。目前,试验区在招商引资方面取得了一定的成绩,但在试验区注册并已经实际投产的企业数量还较少,未能形成规模效应和聚集效应。因此,对外,试验区要充分把握机遇,主动加强与大湾区城市的合作,积极融入大湾区的生产体系,要在与其他中西部城市承接东部产业转移的激烈竞争中抢得先机,通过驻点宣传等多种方式开展精准招商。对内,试验区要通过创新机制体制优化营商环境,提高行政审批效率,深入园区企业沟通联

---

① 陈仲常:《产业经济理论与实证分析》,重庆大学出版社2005年版。

系，帮助园区企业排忧解难，促进企业的发展与壮大。总之，试验区要牢固树立"无工不富、无工不强"的理念，做大总量，不断增强试验区的发展后劲、综合实力和核心竞争力，力争到2021年试验区入驻并投产的企业达到400家，年总产值达到300亿元，工业增加值突破80亿元。

第二节 健全产业链条以融入湾区产业分工(2022—2025年)

一 打造完整的产业链条

完整的工业体系和产业链条是中国实现制造业规模超越发达国家的重要原因，中国不仅拥有联合国产业分类规定的39个大类、191个中类、525个小类的完整工业体系，还拥有全球最丰富最复杂的产业链条，轻工、纺织、石油化工、煤炭、钢铁、有色、汽车、船舶、交通运输、物流、批发零售、电子商务等重点产业的产业链条比较健全[①]。这为提高试验区的综合实力提供了重要的参考。

当试验区的入驻企业达到一定数量后，需要在加大总量的基础上打造出符合试验区实际情况的新兴的产业链条。试验区要依托电子信息、高端装备制造、新能源等主导产业的"产业树"全景图，以"强龙头、补链条、聚集群"为目标，优先开展主导产业"产业树"招商，侧重加大存量项目和企业的支持

---

① 魏际刚：《健全的产业链让中国经济变得强大》，《中国经济时报》2019年7月19日第7版。

与服务力度，以存量项目和企业的良好发展前景为招商引资的卖点，实现以商招商，持续提升主导产业发展品质。力争至2025年在试验区打造出3—5条相对完整的新兴产业链条。

试验区可依托现已入驻的中兴智慧医疗、国光电声电子、兴扬移动终端、雅士智能家居以及芯百特射频芯片等产业，在国光电子产业园和粤桂总部附近集中布局。构建以"核心技术"和"终端产品"为核心层、向外延伸到专用软硬件配套、通用软硬件配套、外包装及附配件的电子信息全产业链。在新能源产业方面，主要发展以新能源电池为核心的新能源产业，承接珠三角新能源电池生产制造企业转移，依托新能源汽车及电子信息产业发展，在国光电子产业园和嘉远新能源汽车项目附近集中布局，聚集全类型新能源电池企业入驻，吸引上游的正极材料、负极材料、隔膜、电解液等配套企业集聚，形成产业集聚效应。在装备制造业方面，依托乾享智能发展尾端包装自动化机器人及物流仓储机器人制造、芯百特发展半导体封装及测试设备制造，积极引进高端装备制造企业。

二 融入大湾区产业分工

由广西、广东两省（区）人民政府联合印发的《全面对接粤港澳大湾区粤桂联动加快珠江—西江经济带建设三年行动计划》提出，"支持梧州与大湾区加强电子信息、大数据、生物医药、现代物流、文化旅游、循环经济等领域合作。"《进一步加快珠江—西江经济带（广西）重点产业发展实施方案（2019—2021年）》也明确提出，"依托桂东承接产业转移示范区，以南宁、梧州、崇左等市为载体，积极承接加工贸易和高端制造业。"《加快融入粤港澳大湾区 建好广西东大门（梧州）三年行动计划（2019—2021年）》也把梧州市建设成为大湾区现代制造业配套基地作为梧州市"东融"的战略重点之一。按照错位分工、配套互补、协同发展的原则发展大湾区的产业配套，打造具有一定科技含量的生产加工制造业基地，形成以终端需求和研发共同驱动的制造业产业集群区和较为完整的产业链是试验区"东融"大湾区的产业融合的重要抓手，也是实现全面融入大湾区建设的重要基础。

第三节 做强文旅产业以加快产城融合发展(2026—2030年)

一 打造"西江黄金水道""岭南龙母文化"的文旅品牌

"西江通五省，总汇在梧州"。坐拥西江"黄金水道"是试验区"东融"大湾区的天然优势。浔江、桂江汇于梧州为西江，经珠江注入南海，这成就了梧州"三江总汇""两广咽喉"的独特地理位置。西江航线东连经济发达的粤港澳地区，西接能源丰富的大西南腹地，二者经济、资源互补性强，对内河航运有强烈的需求，同时西江航道深入广西腹地，连接广西内地大部分主要城市以及云南、贵州和越南，自梧州向上，船只溯桂江可达桂林；溯红水河可达来宾和云南、贵州；溯柳江可达柳州和贵州；溯郁江可达贵港、南宁，再往上可达右江的百色和云南、贵州，也可达左江的龙州，甚至越南。作为连接两广水上交通大动脉的西江，支流众多、分布面广、水量丰富，冬季不结冰，对发展航运和沿江经济极为有利，可为粤桂开展沿江旅游经济合作提供广阔的市场前景。

岭南龙母文化是梧州最重要的旅游资源和卖点，龙母庙是象征岭南龙母文化的重要历史建筑。龙母庙是珠江流域人民为纪念战国时期南方百越民族女首领"龙母"而兴建的庙宇，珠江流域沿江各地均建有龙母庙。梧州龙母庙尤被誉为"龙母故乡第一庙"，该庙位于河东老城区西北的桂江之滨，枕山面水，始建于北宋初年，于20世纪80年代中期进行了维修复原，此后逐步进行扩建，占地面积11万平方米，建有牌坊、五龙喷水壁、前殿、龙母宝殿、龙母寝宫、钟楼、鼓楼、塔楼和中国最高的38米龙母圣像等。梧州每年都在龙母庙举行一系列龙母文化旅游活动，正月廿一为龙母开金库，五月初八为龙母诞辰，八月初一为龙母得道诞，十一月初一为朝龙母节。每次龙母节庆活动，都会吸引成千上万的粤港澳等地的游客前来梧州参加。

试验区要依托西江"黄金水道"资源和广信文化积淀，引进旅游公司投资建设西江沿岸景光灯及旅游景区，推出高品质的沿江旅游观光路线，同时要加大对岭南龙母文化的宣传力度，让岭南龙母文化走出梧州，并成为梧州旅游业的一张名片，将西江旅游观光和龙母庙、白云山、骑楼城、鸳鸯江等沿线旅游景区进行整合，申报国家5A级旅游景区，打造国内独特的文化旅游品牌。力争到2030年，试验区建成服务两广的高端文化休闲旅游基地。

二 加快试验区产城融合发展

试验区是产业发展的空间载体，产业是试验区建设的支撑力量，产城融合是试验区发展过程中需要认真解决的重要议题。

实现试验区产业空间与社会空间的协同发展，对于提升试验区的综合实力，促进试验区的可持续发展，提升试验区居民的幸福感和获得感尤为重要。在城市开发中，通过公共服务设施建设吸引人气往往是常用的开发手段之一，而在产业园区开发中则相反，产业园区建设过程中"有产无城"的现象普遍存在。很多产业园区要么鼓励企业员工到就近的城镇解决家属居住、孩子上学、求医问药等问题，要么在园区发展后期才开始植入公共服务设施。产业园区过于关注工业生产活动，较少关注企业员工的日常生活需求，从而忽视了公共服务设施的配套，严重影响了员工的生活品质，使他们很难享受到城镇化发展的成果。由此，企业"招工难"问题便逐步显现，并成为制约产业园区发展的主要因素。因此，试验区建设需要转变思维方式，加强试验区的文化、旅游、医疗、教育等设施的规划配置，缩小试验区内外在生活品质上的差距，吸引并留住人才，促进试验区的良性发展。

第四节 实现高质量发展并产生溢出效应（2031—2035 年）

一 坚持走高质量发展的道路

在试验区的起步发展阶段，可以依托国家和两省（区）的优惠政策和土地、劳动力等生产要素的低成本优势，在优惠叠加政策红利的作用下，通过与大湾区企业的成熟技术相结合，承接大湾区中低端产业的梯度转移，推动试验区的快速发展。但在经济新常态下，随着土地、环境和劳动力等传统要素低成本优势的逐步消退，相对优势也将不复存在。特殊体制机制所带来的"特惠"也将向"普惠"回归。此外，随着发达国家"再工业化战略"的实施，越南和印度尼西亚等更具低成本优势的国家和地区也开始加入产业转移竞争中来，试验区不仅要与中西部其他地区竞争，还要与东南亚一些新兴经济体竞争，因此，高质量发展无疑是试验区适应国内外经济形势变化的必然要求。

高质量的投入要素（包括人力、技术、资本以及制度、政策与文化）是高质量产出的前提，也是实现高质量发展的根本所在。以人才为例，高质量决定着产业的高度和创新程度，人才的引进与扎根，是试验区聚力高质量发展的重中之重，当广西乃至全国的高端人才把试验区视为创新创业的热土，试验区的高质量发展才能实现。因此，试验区要为创新要素提供便利的创新平台，通过优质的平台服务为创新要素提供更为广阔的空间，以此促进对创新要素的聚集。试验区要结合已有产业特色和优势，抓好创新平台的布局落子，着力构建"产、学、研、金、介、政"六位一体的协同创新平台，力争到2035年打造出"创新要素聚集区—孵化器—加速器—创新创业区"的科技创业孵化链条，以高端人才、先进技术、高效服务为引领的创新平台促进高质量的产出。

试验区要做细做实与大湾区的金融、产业、技术、人才等方面合作，以科教和创新园区作为科技创业孵化链条的综合平台，全方位服务入驻企业。一是要打造"两广产业创新合作"平台。加快与大湾区核心区生产性服务业合作，打造"两广产业创新合作"平台，引入核心区科创项目落户试验区，落户一批合作示范项目，并不断完善相关产业链和进行再创新，打造试验区创新型全产业链。二是要打造"两广创新实验室"共享平台。引入大湾区科创资源，打造"两广创新实验室"共享平台，建设企业联合创新中心，使试验区企业能够分享大湾区创新资源，例如，先进的测试仪器，可为"双创"企业提供技术评估、研发指导及测试支持。三是要加快"大湾区改革创新综合试验"平台建设。在CEPA框架下，探索与大湾区进行金融融合发展，加快股权交易中心、小额担保公司、租赁融资公司等平台建设，对基础设施建设基金、创业投资基金、试验区发展基金、风险投资基金等进行全方位支持，构筑试验区现代金融体系。降低香港金融企业在试验区设立机构和开展金融业务的准入条件等。四是要加快"大湾区生产性服务合作"平台建设。引入大湾区专业化生产服务团队与试验区投资公司合作，共同建设试验区专业服务平台，为入驻企业提供从创新、测试到生产、销售等环节的专业化的辅助服务。五是要搭建大湾区人才合作平台。与大湾区相关高校、科研院所和城市建立跨区人才合作协议，建设试验区人才储备库、信息库及兼职专家顾问库等，及时为入驻企业寻找发展所需的人才和智力支持。

二 要让"粤桂方案"产出溢出效应

"实践是检验真理的唯一标准"，试验区自2014年年底动工建设至2035年，经过逾二十年的建设，试验区不仅要实现自身的高质量发展，还要"不忘初心，牢记使命"，要把试验区探索新时代的区域协调发展新机制所积累的成功经验形成推进东、西部区域合作发展的"粤桂方案"并产生积极的外部经济效应，让试验区这块"试验田"产生溢出效应。

体制机制及创新能力是决定一个地区经济发展水平及发展潜力的重要因素。试验区的建立是国家和广东、广西两省（区）给予试验区的特殊政策红利，在区域经济合作发展的大背景下，突破地域上的行政樊篱、创新体制机制是试验区这块"试验田"的重要使命，它肩负着为东、西部区域合作发展进行体制创新的使命。它是探索"一体化、同城化、特区化"全新模式，打造两广一体化发展、东西部合作发展、流域可持续发展的先行示范平台。试验区的建立是通过制度创新的先行先试，推动经济体制改革的步伐，为欠发达地区更高水平的扩大开放、克服体制障碍激发更大的活力。因此，试验区最终要能产生溢出效应，包括体制机制建设、招商引资、产业重构与孵化、人才建设等方面，对梧州市、珠江—西江经济带乃至整个西南地区产生示范效应。

第三章

"东融"战略的理论基础与现实依据

　　2015年，习近平总书记明确指出广西"构建面向东盟的国际大通道，打造西南中南地区开放发展新的战略支点，形成21世纪海上丝绸之路和丝绸之路经济带有机衔接的重要门户"的三大战略定位。为落实"三大定位"新使命，打造全方位开放发展新格局，2018年广西提出构建"南向、北联、东融、西合"全方位开放发展新格局的战略要求，并将"东融"战略作为重点与主攻方向。试验区于2014年10月由广东、广西两省（区）共同规划建设，地处广东肇庆和广西梧州交界处。作为中国唯一跨省合作、流域合作和东西部合作的试验区，试验区承担着为国家在更大范围、更高水平、更深层次的区域合作提供"粤桂方案"的战略使命，更是推进"东融"战略、引领广西开放发展的重要先行示范平台。基于此，本章及以下两章将围绕"东融"战略的理论基础与现实依据、"东融"战略的本质与落脚点、"东融"战略的层次与内涵以及相应对策建议等方面，就试验区推进"东融"战略、实现高质量发展展开讨论。

第一节 "东融"战略的理论基础

试验区全面对接大湾区建设,推进"东融"战略的过程,实际是欠发达地区主动融入具有比较优势的经济发达地区或中心地区,加快市场融合以及生产要素的流动和重组,接收经济发达地区的辐射与溢出效应,实现区域协调发展和经济一体化发展的过程。根据区域经济学理论,区域经济的发展在区际关系上表现为吸引与辐射的交互作用。也就是说,在市场经济条件下,在一个大的开放系统中,由于不同区域之间的要素禀赋、分工与专业化程度、产业结构等存在差异,区域间经济发展处于不平衡状态,这使区域之间存在着合作与竞争的关系,既相互吸引,又相互辐射,在区级关系中具有比较优势的强势区域相对于弱势区域表现出较强的吸引和辐射能力[1]。从区域经济发展来看,"东融"战略的实施有以下理论基础。

一 增长极理论

增长极理论最初是由 Perroux 提出的,他从"经济空间"理论出发,指出"增长以不同的强度首先出现在一些增长点或增长极上,然后通过不同的渠道向外扩散,并对整个经济产生不同的最终影响"[2]。之后,Boudeville、G. Myradal、Hirschman 等

---

[1] 郝寿义:《区域经济学原理》(第二版),格致出版社 2016 年版。
[2] Francois Perroux, "Economic Space: Theory and Application", *Quarterly Journal of Economics*, Vol. 64, No. 1, 1950.

学者将增长极概念从经济空间转向地理空间，从而在区域地理意义上将其与区域经济的发展有机结合在一起[1][2][3]。Boudeville 指出，区域增长极形成的关键在于推进型产业，推进型产业能够对其他产业产生前向和后向联系效应，这些相关产业可以通过区域内要素的优化配置得到补偿，从而形成地区产业的累计增长[4]。区域增长极对于周边区域能够产生支配效应、乘数效应、极化效应与扩散效应。其中，支配效应是指增长极凭借经济基础和技术优势，在与周边区域要素流动和产品流通的过程中往往发挥支配作用，导致周边地区围绕增长极组织并开展经济活动。乘数效应是指增长极能够持续对周边地区经济发展产生示范和带动作用，从而加强了不同地区相互之间的经济联系，在此过程中增长极对周边区域的影响范围、作用强度将不断得到强化。极化效应是指增长极的推进型产业能够吸引周边地区的生产要素不断向自身聚集，从而促进自身发展规模的扩张。扩散效应是指增长极在吸引周边要素的同时，能够通过不同的渠道，将自身的技术、理念、人才、资本等先进的生产要素向周边区域渐进扩散，从而带动周边地区的经济发展，甚至形成新的增长极。根据增长极理论，经济增长通常从一个或多个增

---

[1] Boudeville Jacques – Raoul, *Problems of Regional Economic Planning*, Edinburgh: Edinburgh University Press, 1966, .

[2] Gunnar Myrdal, *Economic Theory and Under – developed Regions*, London: Duckworth, 1957.

[3] Albert Otto Hirschman, *Strategy of Economic Development*, New Haven: Yale University Press, 1958.

[4] Boudeville Jacques – Raoul, *Problems of Regional Economic Planning*, Edinburgh: Edinburgh University Press, 1966.

长中心逐渐向其他周边区域传导，在现实中经济的非平衡发展是常态，因此需要选择特定的地理空间作为增长极，从而带动和辐射周边地区的经济发展。

二 中心—外围理论

中心—外围理论最早是由 Prebisch 在 1949 年向联合国拉美经委会递交的报告 "The Economic Development of Latin America and its Principal Problems" 中进行阐述的，即由于技术进步及其传播机制的不平衡性，资本主义世界经济可分为"中心"和"外围"两个部分[1]。之后，Friedmann 在《区域发展政策》一书中提出了中心—外围理论，指出任何区域的空间系统都可以看作由中心和外围两个空间子系统组成，在区域经济增长过程中，由于贸易不平等的存在，技术进步、生产活动以及创新活动等都集中在中心区，中心区依赖这些优势从外围地区获取剩余价值，使外围地区的资金、人口和劳动力资源向中心地区流动，从而构成了中心地区和外围地区之间不平衡的发展关系[2]。中心地区存在着对创新的潜在需求，创新增强了中心地区的发展能力和活力，在向外围地区的创新扩散中又进一步强化了中心地区的主导地位。随着经济在中心地区集聚规模的扩大，一旦集聚所带来的收益低于房价、交通、环境等集聚成本时，经济生产、创新活动等将从中心地区向外围地区扩散，而地理优

---

[1] Raúl Prebisch, "The Economic Development of Latin America and its Principal Problems", *Economic Bulletin for Latin Amertca*, Vol. 7, No. 1, 1962.

[2] John Friedmann, *Regional Development Policy: A Case Study of Venezuela*, Cambridge: MIT Press, 1966.

势会促使生产要素优先向地理位置最接近中心的地区流动,即产生中心地区的溢出效应,从而推动外围地区的经济发展。

三 空间扩散理论

Hagerstrand 引入了空间因素对技术创新扩散和传播进行研究[①],由此奠定了空间扩散理论的研究基础。空间扩散理论认为,一项创新能够提高系统运行效率,节约劳动和资本,并创造更高的市场价值。由于这些优势的存在,使创新者与周围的地理空间产生"位势差",为了消除这种差异,一种平衡力量就会自动促使创新活动向外扩散与传播,或者周围地区为消除差异而进行学习、模仿和借鉴。由于不同区域之间存在技术差距,因此创新会从经济和技术水平较高的区域向经济和技术水平较低的区域扩散,从而使接收扩散的区域获得收益、经济得到发展。

四 区域发展梯度理论

在增长极理论和工业生产产品生命周期理论[②]的基础上,Krumme、Hayor 等学者逐渐形成了区域发展梯度理论[③],其实质是一种区域非均衡发展理论。梯度理论认为,区域产业结构的

---

① Torsten Hagerstrand, *Innovation Diffusion as a Spatial Process*, Chicago: University of Chicago Press, 1953.

② Raymond Vernon, "International Investment and International Trade in the Product Cycle", *The Quarterly Journal of Economics*, Vol. 80, No. 2, 1996.

③ 李具恒:《广义梯度理论:区域经济协调发展的新视角》,《社会科学研究》2004年第6期。

优劣对区域经济的发展起到决定性作用，产业结构的优劣又取决于区域经济部门尤其是主导产业部门在工业生命周期中所处的阶段。创新活动是决定区域发展梯度的决定性因素，并且高梯度地区大多是创新活动的发源地。随着时间的推移以及生命周期阶段的变化，产业和要素等逐渐从高梯度地区向低梯度地区转移。梯度转移这一过程主要是通过多层次的城市系统逐渐向外部扩展的，由经济发达区域向经济欠发达区域推移。各区域所处的梯度是相对且动态变化的，低梯度地区可以通过有效整合并组织各类创新资源、大量引入新技术和人才，从而通过产业的快速发展而升级成为高梯度地区[1]。

五　比较优势理论

区域优势是指一个地区客观存在的比较有利的自然、经济、技术和社会条件，以及在这些条件基础上，通过区域经济运动所形成的具有跨区域意义的经济部门，其本质是生产层面上的优势[2]。David Ricardo（1817）从国家层面提出了比较优势理论，即国际贸易的基础是由比较优势决定，一国即使任何一种产品的生产率都处于绝对不利地位，但只要各国之间在生产同一产品上存在劳动生产率的相对差别，就会出现生产成本和产品价格的相对差别，这使各国在不同的产品上分别具有比较优势，从而使其能够与他国进行生产分工并从分工中获益，由此

---

[1] 吴传清、周志平：《区际经济梯度推移理论的演进及述评》，中国经济思想史学会第十三届年会论文，2008年11月。

[2] 程必定：《区域经济学》，安徽人民出版社1989年版。

国际分工和国际贸易成为可能①。因此，在国际分工体系中，不论经济体经济发展水平的高低，其都可以找到自身具有比较优势的生产部门，并可以通过与其他经济体之间的分工和贸易来促进社会财富的增加。

比较优势理论的提出，为区域经济的发展尤其是欠发达地区实现自身经济发展提出了一条可行路径。欠发达地区如何充分利用自身资源方面的比较优势，将其与新的市场需求、新技术等相结合，形成具有竞争优势的产业结构，从而将现有比较优势转化为竞争优势，构建自身可持续的经济发展能力，这对于欠发达地区实现经济的跨越发展则尤为重要。

第二节 "东融"战略的现实基础与依据

粤、桂两省（区）之间的经济和产业发展长期以来所存在的落差，以及两广之间的地缘依存性、资源环境与经济发展的互补性决定了由粤、桂两省（区）合作共建的试验区实施"东融"战略的必然性和必要性，这也是"东融"战略推进的现实基础与依据。

从区位方面来看，试验区毗邻大湾区，背靠大西南，面向东南亚，是中国唯一同东盟海陆相连的省份，同时又处在"一带一路"交会对接的重要节点和关键区域，是古代海上丝绸之路南海航线的重要发祥地之一，在参与"一带一路"建设上具

---

① ［英］大卫·李嘉图：《政治经济学及赋税原理》，郭大力、王亚南译，译林出版社2014年版。

备优越的海陆地理优势，与东盟国家又具有地缘相近、人缘相亲、习俗相通的人文优势。从人文方面来看，作为中国西部大开发12个省（区、市）中最靠近大湾区的城市，梧州市地处西江"黄金水道"两广交界处，是古代岭南的政治、经济、文化中心，又是两广文化发祥地，与粤港澳地区语言相通、习俗相近，具有深厚的历史文化底蕴和地缘文化优势。从生态资源方面来看，广西森林资源、水能资源、生物资源等资源禀赋优势同样突出。从政策方面来看，《珠江—西江经济带发展规划》等国家区域发展战略的批准实施以及试验区的设立使其成为泛珠三角地区以及珠江—西江经济带的政策高地，具备独特的体制机制承载优势和政策叠加适用优势。从产业发展来看，大湾区目前已形成规模较庞大、结构较完整的产业体系，整体以服务经济为主，同时深圳、惠州、东莞、珠海等地的高技术制造业发展迅速。在中国整体产业链发展中，大湾区占据着产业链中后端的加工和深加工部分。相对来看，试验区乃至广西目前位于整个产业链的初端和上游位置。若能顺利融入大湾区产业链，则可利用大湾区现有技术、产业和市场资源，充分发挥产业链上游的作用，作为大湾区产业发展中的一个重要生产加工基地，为大湾区产业发展提供相应的配套资源与服务。同时，试验区目前积极发展的新一代信息技术、高端装备制造、生产性服务业等产业是大湾区发展较为迅速与成熟的产业，这与大湾区产业发展重点方向又具有一致性。在承接大湾区产业转移的基础上，试验区能够逐步积累起产业资本，从而进一步提升自身的精深加工制造水平，并融入大湾区的高新技术产业链中。

因此，如何利用好大湾区作为发达地区的技术、资本、人才、市场、产业发展以及国家战略优势，依托珠江—西江流域丰富的水资源与生态资源优势，发挥好试验区位于"三圈一带"（珠三角经济圈、泛北部湾经济圈、大西南经济圈和珠江—西江经济带）交会节点的独特区位优势以及两广政策叠加和先行先试的政策优势，使之与大湾区的发展规划有效结合，从而最大限度地转化为试验区自身的经济发展优势，催化经济发展效益，充分发挥辐射桂西、促进广西高质量开放发展的溢出效应。这是试验区在推进"东融"战略进程中的主要任务，同时也是实现梧州"全面对接大湾区、深度融入珠三角、提升珠西经济带、建好广西东大门"发展目标的现实选择。

第三节 "东融"战略的本质与落脚点

2015 年全国"两会"期间，习近平主席明确指出广西发展的"三大定位"，即构建面向东盟的国际大通道，打造西南、中南地区开放发展新的战略支点，形成 21 世纪海上丝绸之路和丝绸之路经济带有机衔接的重要门户。为落实广西"三大定位"新使命，打造广西全方位开放发展新格局，2018 年广西提出了构建"南向、北联、东融、西合"全方位开放发展新格局的战略要求。其中，"东融"是广西开放发展的重点方向与主攻方向。从字面意思来看，"东融"其实指的是向东开放、融合发展。这种融合发展战略可以追溯至 2003 年开始实施的内地与港澳更紧密经贸关系的安排（CEPA）、2004 年后逐步推进的泛珠三角区域合作以及 2014 年国家批复的《珠江—西江经济带发展规划》，这些都为广西、梧州以及试验区进一步实现与大湾区的融合对接发展提供了良好机遇。随着大湾区"9+2"城市群的规划建设,整个泛珠三角区域发展将迎来新一轮的产业优化布局,并势必向外围地区扩散与拓展空间,辐射带动周边省区的发展。粤、桂两省(区)于2014年10月合作共建的试验区又将区域协调发展提高到了一个新的高度,同时也进一步优化了广西积极参与泛珠三角地区、中国—东盟自由贸易区以及大湾区对外开放和产业分工合作的经济环境。在这种新的内外部发展环境下,试验区"东融"战略的实施与推进有着其新的使命与内涵。

一 "东融"战略的本质是欠发达地区主动融入并对接发达地区

根据梧州市《关于毫不动摇实施"东融"战略的决定》,"东融"是指在"加快融入、承接辐射,统筹兼顾、突出重点、优势互补、错位发展"的总体思路下,主动接轨、务实合作,全方位、高起点、宽领域融入大湾区。因此,从本质上看,"东融"战略是欠发达地区主动融入并对接经济发达地区的经济发展圈,通过实施更为积极主动的开放发展战略,通过"借势"和"借力"从而实现更高质量的区域开放发展,以获取最大的经济效益和社会效益。作为经济欠发达地区,梧州要主动对接代表先进生产力的大湾区、珠三角等经济发达地区,通过与大湾区的优势资源以及国家战略政策对接、叠加和共享,学习其经济高质量发展的经验做法,借鉴其思想理念、政府效能、产业发展、制度设计等方面的成功模式,进而对标自身加快发展的战略思路和现实需求,将粤港澳地区的资金、技术、人才、市场、管理等要素与自身优势相结合，形成大湾区龙头和腹地互融互通的强大动力，在与经济发达地区的开放融合发展中提高自我发展能力，实现自身高质量发展。而将试验区自身的资源优势、生态优势、区位优势、政策优势等尽快转化为实现自身发展的经济优势，并能够形成溢出效应，带动梧州与广西经济高质量发展，主动向"东融"入大湾区的"东融"战略则是一个切实有效的战略路径选择。

二 "东融"战略的落脚点是开放发展

区域经济合作是区域内各经济主体为了谋求经济利益和社会利益，促使生产要素在地区之间流动与重新组合的过程[①]。加强区域经济合作，实现区域合作共赢的前提是区域的开放发展，这也是推进"东融"战略的落脚点。也就是说，要具备国际化的思维和全球化的视野，在更大范围、更广领域、更高水平上推进对外开放，加速基础设施的开发和对接，不断改善对外开放环境，引进技术、资金和人才，加强跨地区、跨流域的经济合作。中国改革开放40年以来的实践所取得的显著成效也证明了，更高水平的对外开放不仅可以吸引发达经济国家和地区的技术、资金与人才，还能够有效支持自身的改革创新。在开放发展的实践过程中，首先要以思想理念的解放推进开放发展，继而在开放发展中实现思想的进一步解放，这是实现"东融"的先导与基础。试验区必须实事求是，认清不足，找准差距，

---

① 汪同三：《粤桂合作特别试验区体制机制改革创新研究》，中国社会科学出版社2018年版。

承认落后但绝不能甘于落后，以更加开放、包容、自信的态度融入大湾区，在此基础上才能够在扩大开放中寻求并实现自身发展能力的提升。要实现开放发展，就必须加速试验区开放型经济发展水平的提升，一方面，要加强区域之间的经济合作与交流，更好地整合与利用大湾区的要素资源，实现开放发展、互动合作；另一方面，更需要注重推动区域经济的国际化，借助大湾区的创新平台与市场，将试验区自身的要素、市场、产业和经济发展与国际市场联系在一起，加快构建试验区与国际接轨的开放型经济体系。

第四章

粤桂合作特别试验区推进"东融"战略的内涵

第一节 "东融"战略的三个层次

"东融"战略，就是加快推进珠江—西江经济带建设，积极参与泛珠三角区域合作，主动融入和对接大湾区的创新发展，从而实现广西全方位开放发展水平的提升。从试验区的角度出发，"东融"战略的实施和推进有三个层次，并且这三个层次是逐步推进的关系。

第一层次，从试验区的发展来看，"东融"战略要求试验区积极承接大湾区的产业转移，全力参与大湾区的产业分工，优化营商环境，大力吸引人才、资本、技术和产业，在平台合作、产业合作、人才合作等方面全面拓展合作领域、提高合作水平，借力大湾区提高试验区的承载能力，加快试验区自身的发展。

第二层次，从梧州市的发展来看，"东融"战略要求试验区必须充分发挥深度融入大湾区发展的先行示范平台作用，以试验区的发展为突破点，加快创新要素对接合作，从而加快将梧州市建设成为广西"东融"的枢纽门户,使珠三角地区成为梧州市人流、物流、资金流和信息流的依托中心,实现梧州市"全面对接大湾区、深度融入珠三角、提升珠西经济带、建好广西东大门"的定位要求。

第三层次,从广西以及粤、桂两省(区)区域合作的发展来看,"东融"战略要求以向东开放带动全面开放,提升广西全方位开放发展水平,推动广西全方位、高起点、宽领域地融入大湾区的发展建设,从而增强两广一体化发展的协同性、联动性和整体性,推动粤、桂两省(区)合力打造交通互联互通、产业协同创新、市场统一开放的区域合作新格局,探索更加有效的区域协调发展新机制,推动区域一体化向更高水平和更高质量发展。

第二节 "东融"战略的内涵

从试验区推进"东融"战略的内涵来看,可将其总结为以下四个方面,即思想理念和体制机制上的开放创新与对接融合是"东融"战略的基础;交通基础设施的对接融入和互联互通是"东融"战略的先导;产业的高端承接是"东融"战略的重点,也是推进"东融"战略的重要切入点;人才的引进与交流是实现"东融"战略的智力保障。

一 "东融"战略的基础:思想理念开放与体制机制创新

区域协调发展以及区域一体化并不是一个单纯涉及资源优

化配置或生产力空间布局的纯经济性问题①。区域协调发展的核心是实现区域发展过程中"公平"与"效率"的协调，其中必然涉及制度建设与制度创新、思想理念的开放和体制机制的演化。通过深化改革开放打造制度性"增长极"并进一步发挥增长极的空间溢出和带动作用，是长期以来中国区域经济发展的基本规律②。只有首先实现思想理念上的解放和开放以及体制机制上的改革和创新，才能更加清晰地认识到本地区的发展定位与发展趋势，以及本地区与其他地区之间的互动关系，从而能够在更广领域和更高层次上聚集起实现区域高质量发展的合力。在改革开放初期，中国东南沿海地区一方面具备对外开放的区位优势，另一方面也是当时经济发展相对薄弱地区，其抓住改革开放这一重大战略机遇，解放思想，发展市场经济，不断增强体制机制优势，从而快速实现了经济的率先发展，这也反映出思想理念开放和体制机制创新对于驱动区域经济增长的重要力量。

从大湾区自身的发展来看，在其地域范围内存在着两种不同的社会制度和三个相互独立的关税区，社会制度、政治制度、法律体系和行政体系都有所不同。这在客观上会造成资金、人才、信息等诸多生产要素在区域间的自由流动与合理配置受限，阻碍了粤港澳三地的深度融合。对于试验区而言，其虽然是广东和广西两省（区）合作共建，但大湾区内部客观存在的融合

---

① 殷存毅：《区域协调发展：一种制度性的分析》，《公共管理评论》2004 年第 2 期。
② 孙久文、张可云、安虎森等：《"建立更加有效的区域协调发展新机制"笔谈》，《中国工业经济》2017 年第 11 期。

障碍将会进一步加大试验区顺利融入大湾区发展的难度。因此，如何寻求利益共同点，通过思想理念的开放以及创新性的制度安排，推动构建区域协作和融合机制，加快要素自由流动，是试验区顺利推进"东融"战略的当务之急，也是打开"东融"战略通道的首要任务。作为目前中国唯一的跨东西部、跨省、跨流域的试验区，试验区是党的十八大以来中国区域发展政策强调合作协调发展的重要产物，其本身就是区域经济辐射的交集区以及多项政策叠加和先行先试的改革高地，承担着协调区域发展的重要功能，在管理体制和运行模式上都具有重要的创新性。这使得试验区在向东融入大湾区的进程中有着其自身的制度优势，因而在思想理念与体制机制的开放创新上具有必然性和必要性。

（一）必须坚持开放发展和可持续发展理念

"东融"战略的落脚点在于开放发展，而开放就是最大的创新。相对于大湾区，试验区属于欠发达地区，在对接融入大湾区这一发达经济地区的过程中，必须实事求是，承认落后与不足，解放思想，打破地域保护的思想束缚，要以更加开放和自信的心态主动融入大湾区，充分发挥自身在资源、劳动力等生产要素方面的后发优势，吸引粤港澳的资本、技术、理念等关键要素向西流动。同时，作为长期以来在发展资源型经济方面具有明显比较优势的地区，在面向大湾区开放发展、对接融合的过程中，在引进新技术、新产业、新业态、新模式的同时，不要抛弃自身所具备的资源环境禀赋优势，要坚持可持续发展理念，避免以高能耗、高排放带来的环境污染为代价的单纯的

GDP 高增长，能够使自身所具备的资源禀赋优势和生态环境优势带来高质量发展的经济效益。

（二）必须坚持市场化的发展理念

要始终以市场为主导进行资源的优化配置，厘清市场经济发展中政府和企业的关系，避免政府的过度干预。根据古典经济学的区域均衡增长理论，基于生产要素自由流动和边际报酬递减的假设，价格机制和竞争机制会使区际要素价格趋同，从而达到各地区平衡增长。无论是地方政府还是试验区管委会，都不可过度集中于固定资产投资和能源资源开发等"硬"投入，而忽视市场经济体制和运行机制等"软"环境建设。在长期以来的体制激励下，无论是中央政府还是地方政府，对于欠发达地区往往实施以财政"输血"为主的开发政策，这确实能够刺激欠发达地区经济的快速增长。但是，仅仅加强对欠发达地区的"输血"能力，而缺乏以市场经济为导向的体制机制、思想理念以及相应的科技、教育、创新等"软"环境建设，在很大程度上导致欠发达地区自身缺乏有力的"造血"功能，难以形成经济发展的内在驱动力量。同时，通过过度财政补贴和政策倾斜而不是通过市场进行的资源配置与合理竞争，往往会导致部分试验区选择优先发展的产业或率先入驻的项目其本身并不具备长期经济效益并无法产生溢出效应，这就会在更大程度上加重地方政府的财政负担，造成投入产出的失衡。因此，试验区要顺利融入市场经济更为发达、体制机制更加健全的大湾区，必须坚持"输血"和"造血"相结合。其首要任务是缩小与大湾区体制机制上的差距，能够形成政经边界清晰、各自按照自身规律健康运行的体制机制①,改变政府以固定资产投资实现增长目标的格局,减少政府对市场经济发展的不适当干扰和介入,构建要素资源充分流动的统一市场,按照市场运行机制和自身规律来实现资源的优化配置,打造具有竞争力的营商环境,改善吸引各类创新要素聚集的基础设施建设,并优化科技、教育等"软"环境建设,探索建立与粤港澳大湾区规划制度统一、发展模式共推、区域市场联动的区域市场一体化发展机制,从而增强自身经济发展的内生动力。

(三)必须坚持产城融合的发展理念

以园区或功能区的建设促进区域经济的发展,是中国自改革开放之初就开始探索的一条区域发展路径,如经济开发区、高新区、自贸区等。最初这些功能区大多是单纯的经济概念,主要表现为较单一的经济功能和生产功能,大多是通过利用土地等相对廉价的生产要素以及优惠政策来实现招商引资,以支撑区内制造业的规模化发展。随着当前经济进入高质量发展新阶段,市场需求越来越多元化和个性化,功能区的定位和发展也要提升至新的层次和高度。在"东融"过程中,试验区要想在更高层次上吸引大湾区的人才、产业和项目落地,其发展就必须跳出传统意义上孤立的工业园区发展模式,需要更多地将服务功能凸显出来,以城带产、以产促城,实现产、城、人三者的真正融合。在涉及"东融"战略的相关政策文件中,多次提出要"打造大湾区一小时经济圈宜居宜业宜游的共享区",这

---

① 廖元和:《从千年大计看雄安新区的设立意义和发展趋势》,《区域经济评论》2017年第5期。

也是在强调试验区服务功能的重要性。只有深化产城融合，不断完善服务功能定位，优化服务管理，才能有效提升试验区的吸引力和竞争力，并有助于吸引大湾区和全球范围内的高端创新要素聚集，同时也能够为试验区内高端产业的发展提供良好的服务支撑。

二 "东融"战略的先导：交通基础设施互联互通

根据增长极理论，经济的增长在空间上是非均衡发展的，增长极首先出现在制造业集聚化程度较高或城镇化率较高的地区，并以此为基础通过不同的渠道向周边地区扩散，而扩散方向则受到区域交通设施体系的重要影响。20世纪60年代由 Werner Sombart 提出的生长轴理论也将交通运输和区域经济的发展紧密联系在一起，强调了交通干线的建设对于区域经济活动的引导和促进作用[1]。生长轴理论指出，连接中心城市的重要交通干线的建设能够形成新的区位优势，加快人口流动，降低运输成本与产品成本，从而形成有利的投资环境和区位条件，逐渐吸引产业与劳动力集聚在以交通干线为主轴的周围区域，并产生新的工业区和居民区，最终形成新的经济发展增长带，交通干线即所形成的新产业带的"生长轴"。

由此可见，区域之间的要素资源配置变换和制度变迁使区域之间存在着经济联系，要素资源在空间上的合理配置是经济

---

[1] 孙志毅、荣轶等：《基于日本模式的我国大城市圈铁路建设与区域开发路径创新研究》，经济科学出版社2014年版。

活动的基础与本质，经济发展的过程就是经济活动中各要素不断优化配置的过程。而交通运输体系就是在要素配置过程中充当要素空间位移的载体，并构成了区域经济活动空间联系的基础。因此，交通基础设施的建设是区域经济和社会活动实现和扩散的重要载体，区域交通基础设施的建设力度和承载力直接关系到要素资源的有效配置、居民生活水平的改善以及区域综合竞争力的提升。合理的交通基础设施建设能够有效缩小经济欠发达地区与经济发达地区之间的经济发展差距，促进区域经济协调发展。通过改善交通运输条件，依托交通运输干线并以此为发展轴，以发展轴上的经济发达地区为核心，加快区域劳动力和资金等要素的流动并合理调节流动方向，从而引导新的产业带形成与发展，这是欠发达地区提升本区域经济发展水平的有效开发模式。

因此，对于试验区乃至广西而言，加快推进交通基础设施的建设，是推进"东融"战略、实现加快融入大湾区的先导，同时也是"东融"战略能够顺利实施的"大动脉"。梧州要建设成为广西"东融"的枢纽门户，同样需要交通先行，提升交通基础设施的承载力。只有加快与大湾区实现交通的互联互通，缩短两地之间的时空距离，以机场、高铁、高速公路、港口码头、城市轨道等交通基础设施建设构建快速通达大湾区的立体化交通格局，与大湾区和珠三角各城市形成经济带规模效应，才能加快促进全方位融入大湾区的发展。

试验区地处广东肇庆与广西梧州交界处，位于粤西和桂东地区，是珠江—西江沿岸重要交通节点，承担着链接东西地区合作的重任。因此，加快交通基础设施建设、促进交通对接融入对于试验区加快向东融入大湾区及其经济功能的发挥至关重要。在推进交通基础设施建设的过程中,既要提升本地区内部交通设施的联通水平,也要畅通对外与大湾区及珠三角地区的联系通道,尽快形成内通外联的交通网络运输体系。在区域内部加快建设并完善梧州市"一环七射三连线"高速公路网络体系,提升梧州市环城公路交通承载力、通行能力和省际通达度,打造桂中南地区通往大湾区最便捷的陆路通道,加快形成与周边地市1—2小时交通圈,并促进重点产业与重要交通通道融合发展。以龙圩综合客运枢纽站为核心,促进城市公交、公路客运、高铁客运等交通运输方式的无缝衔接。加大"东融"铁路规划建设力度,加快完善铁路十字经纬骨架体系,推动建设柳州—梧州—广州等粤桂快速直达货运铁路通道,尽快实现梧州至广州、佛山、肇庆、云浮等地高铁"公交化",积极融入大湾区"2小时通勤圈"。利用珠江—西江流域交通节点优势,加快内河互联互通建设,深化与流域上下游城市的合作发展,推进西江航运干线贵港—梧州—肇庆3000吨级航道工程建设,推动梧州港与广州港等大湾区重点港口实现"港港联运",加快融入大湾区世界级港口群建设。推进梧州西江机场的提质扩容,提升服务能力,以加快对接大湾区国际航空枢纽建设。通过打造内外布局合理、功能完善、全面辐射、高效链接的快速通达大湾区的综合立体交通运输网络体系,加强试验区作为大湾区腹地与大湾区城市群之间的经济联系,为加快融入大湾区、充分接收大湾区的外溢效应创造交通基础条件,同时也为试验区发挥辐射桂西城市的门户作用、产生溢出效应打下基础。

三 "东融"战略的重点：高端承接产业转移，加快融入大湾区产业集聚高地

（一）试验区"东融"的重点在于产业"东融"

试验区既是珠江—西江经济带的重要节点，同时也是加快推动梧州市"东融"战略的实施、深度融入大湾区发展的先行示范平台。在《珠江—西江经济带发展规划》中，梧州承担着"产业承接区"的功能定位，即"高起点承接产业转移，引导产业集聚，促进粤桂毗邻地区港口、产业、城镇融合发展"。因此，"东融"战略的重点在于产业的"东融"，即试验区必须立足于自身特点，充分发挥自身在自然资源、产业基础、人力资源、生态环境等方面的比较优势和竞争优势，将大湾区的先进理念、技术、资金、人才与自身的资源、政策、产业、劳动力优势相结合，建立产业分工协作对接机制，全方位、高起点地"全产业链"承接大湾区产业转移，最终形成与大湾区分工合理、优势互补、错位发展、联动发展的现代化产业协作协同体系。

在产业"东融"的过程中，试验区在承接大湾区产业转移以及产业政策的实施方面，应注重以下三个方面的内容：第一，充分挖掘试验区现有产业基础潜力，改造提升传统优势产业，推动特色产业的转型升级。第二，坚持优势互补、错位发展、联动发展，利用大湾区的科技、资金、人才以及高端服务业等创新资源，高质量、高层次、高水平地承接大湾区产业转移。第三，在推动产业集聚、发展产业园区的过程中，将产业发展与城市功能提升相互协调，实现"以城带产、以产促城"的"产城融合"，从而打造"一小时经济圈宜居宜业宜游的共享

区"。通过主动、全面地参与大湾区的产业分工,最终构建起与大湾区配套融合的现代化产业体系,打造珠江—西江经济带重要产业增长极。

(二)试验区产业"东融"的重点内容

试验区在承接大湾区产业转移、参与大湾区产业分工的过程中,不应是低端、落后的承接,而是要高层次、高质量、高水平的承接;不应只承接劳动密集型、资源开发型产业,而是更多地引入研发型、高科技型、生产性服务等领域的产业项目;不应仅仅是简单的承接,更需要创新,通过吸收大湾区的各类有利资源,用更加超前、更加现代化的思维和眼光来规划、引导试验区自身的产业发展。同时,要注重将试验区自身的产业发展纳入整个泛珠三角区域的整体产业链和价值链中,促进生产要素向区内支柱产业和优势产业靠拢,纵向形成产业链、横向形成产业集群,发挥区域优势互补和叠加放大效应。因此,针对科学合理地承接大湾区产业转移、促进高质量产业项目落地试验区、全面参与大湾区产业分工体系、做深做实产业合作,试验区应注重以下五个方面的内容:提高对转移产业的鉴别力,强化对转移产业的支撑力,提高对转移产业的配套协调能力,以产业集群形式承接产业转移,合理界定政府定位与行为。

1. 提高对转移产业的鉴别力

在试验区承接大湾区产业转移的过程中,要综合考虑试验区自身的资源禀赋、市场潜力、技术水平等发展条件和比较优势,以及转移产业的长期经济效益、社会效益、生态效益和发展潜力。一方面,要坚持"生态优先"的突出地位,防范高耗能、高污染和产能过剩的产业项目转移，拒绝做"环保洼地"。另一方面，也要鉴别转移企业是否具有短期投机性，并且有重点地将承接产业与本地区的生产要素优化组合，避免资源浪费、重复建设、产业同质化、无序竞争等问题，提高承接企业以及产业项目的经营绩效，增强承接产业转移的投入产出效益。同时，针对入驻园区的企业，考虑建立并规范后期退出机制，例如，在招商引资合同约定的开工日期 6 个月后，因企业自身原因未开工建设或已开工建设但无实质性进展的、擅自改变工业用地用途或规划设计的、因产能严重过剩或经营不善造成严重亏损或连续停产超过 2 年的，等等，依法依规对企业进行整改、清退，或取消已享受的优惠政策，或追缴已享受的政策性奖励及补助资金。

2. 强化对转移产业的支撑力

目前，试验区在用地、用电和用工成本及政务环境等方面已经成为吸引产业项目的政策洼地。在承接产业转移之后，还需在基础建设、资金、人才与劳动力等能够保障承接产业项目切实落地、顺利推进的支撑能力上进一步强化，产业链与技术链、人才链、资本链要全面对接，这是实现产业顺利承接的关键。目前资金问题对于试验区发展的制约作用尤为突出，必须进一步加强资金筹措能力，通过市场化的融资模式，多渠道解决园区入驻企业融资问题，并加强与各大银行的沟通协调，创造设立各类产业投资基金、发展基金，积极吸引社会资本参与试验区的项目建设。同时，要利用广东片区作为经济较为发达的一方在试验区建设和招商引资方面的优势，协调并调动广东方面的积极性，从而能够切实按照"对等投入、收益对等分配"

的原则来保障后续建设资金的有效到位。

3. 提高对转移产业的配套协调能力

试验区通过借助区位优势、政策优势、土地优势、劳动力优势，目前已吸引了大量企业入驻和产业项目落地。2018 年试验区完成招商引资到位资金 79.30 亿元，其中广西片区 69.18 亿元；入园企业 377 家，其中广西片区 318 家；新注册企业 46 家，其中广西片区 44 家。这对园区内的产业链协作配套提出了更为突出的要求，必须提高转移产业与相关配套产业之间的协调度和关联水平。作为大湾区产业转移的承接地，试验区要围绕本地区的主导产业以及所承接的重点产业，根据本地区产业结构优化升级的方向和需求，积极合理地发展相应的生产性服务业和生活性服务业，以提升产业链配套能力，为更好地承接大湾区产业转移奠定产业基础。一方面，要延长产业链，重视承接后的配套产业项目以及产业链上下游的完整性，提升产业配套能力，尤其是提升主导产业和龙头企业的配套率，引入并培育一批能够围绕龙头骨干企业发展的中小型企业，形成大中小企业协同共生的生态链[①]。另一方面，要重视承接产业与其他产业之间的协调发展，如能源部门、环保部门以及金融、物流、信息服务等生产性服务产业。与此同时，必须加快园区内商贸服务、文化、健康医疗等生活性服务业的发展，形成完善的、现代化的生活服务和公共配套设施，提升园区生活性服务功能，从而加快融入大湾区的"优质生活圈"。

---

① 徐璋勇、任保平：《西部蓝皮书：中国西部发展报告》，社会科学文献出版社 2017 年版。

4. 以产业集群形式承接产业转移

试验区应以在承接产业转移中实现产业升级为目标,以产业集群的形式承接大湾区的产业转移,利用高新技术产业、战略性新兴产业等培育产业发展新动能,提高食品加工、医药制造、林产林化、造船机械等传统优势产业的质量效益,面向大湾区引入一批生产性服务业,加大现代服务业集聚区建设,从而强化承接产业转移的溢出效应,发挥规模经济效益,建设全面对接大湾区、深度融入珠三角的产业集聚高地。在传统优势产业方面,要有序承接大湾区的优质产业转移,通过引进先进技术加快提升价值链,扩大产业规模和提高集聚度。在战略性新兴产业方面,要以培育为主,强化科技引领,加快形成配套大湾区的世界级先进装备制造和电子信息产业集群的重要基地和延伸带;在现代服务业方面,要主动接受大湾区先进服务和专业服务的辐射,推动现代服务业与先进制造业、现代农业深度融合,实现生产服务专业化和高端化发展。

5. 合理界定政府定位与行为

区域之间的产业转移是企业与转出地和承接地政府之间的动态博弈过程,同时也表现为各地方政府之间的博弈行为[①]。在产业转移与产业承接的过程中,由于市场外部性的存在,产业转移往往难以顺利实现或者转移成本较高,这就需要政府解决外部性问题。政府需要进行必要的引导和协调,以尽可能减少各种不利影响。试验区管委会以及相关政府部门如何参与产业

---

① 魏后凯:《产业转移的发展趋势及其对竞争力的影响》,《福建论坛》(经济社会版) 2003 年第 4 期。

转移，同样是产业"东融"需要考虑的重要问题。合理的产业转移应是在成本信号和市场需求条件下，以市场机制为主导、以企业为主体的产业转移。因此，政府应当是市场调控型和公共服务型政府，并从被动承接向主动承接和主动融入转变，即在充分发挥市场配置资源的主导作用基础上，建立统一开放、营造公平竞争的区域市场，打造具有竞争力的营商环境，规范市场体系，促进生产要素的高效流动，从而为产业承接提供公平、宽松的政策环境。试验区地跨广西与广东，在这种两省（区）"统一规划、合作共建、利益共享、责任共担"的运行机制下，尤其要注重政府之间的沟通协调。梧州市政府和广西壮族自治区政府要与肇庆市政府和广东省政府主动对接，在政府层面建立起市场配置资源机制的制度基础并予以维护，两地管委会和两省（区）政府应共同制定政策和法规来保障政府之间博弈的公平性和公正性，从而能够打破省（区）之间的行政区划壁垒和贸易壁垒，真正实现区域一体化合作机制的突破。

四 "东融"战略的智力保障：通过人才"东融"实现人力资本积累与增值

试验区在自身发展建设以及推进"东融"战略的过程中，已经取得多项可复制、可推广的创新成果。如何整合资金流、信息流、技术流和人才流等区域发展的各方资源并实现优化配置，是决定区域高质量发展及区域协同发展水平的关键。高质量发展所依托的核心是创新，即通过创新来提升全要素生产率，而创新的主体是人，尤其是高水平的人力资本。在生产活动中，人才是最积极、最活跃和最具有创造性的要素。人力资本是提升创新能力的重要因素，人力资本存量的增加和积累能够带动其他生产要素的聚集，促进各种生产要素的充分流动，从而使人力资本存量较高的产业部门和区域具有吸引其他要素资源聚集的比较优势，并有利于加快生产要素在各产业部门之间的合理配置，提升如物质资本、技术投入和组织管理的运行效率。同时，作为技术进步的重要载体，人力资本能够通过"干中学"和知识溢出效应，实现技术的引进、吸收和二次创新，进而促进产业转型升级。因此，优化试验区内产业结构与人才结构、人才质量等的适配度是支撑试验区发展的重要条件之一。如何畅通人才区域流动通道，深化区域之间的人才合作，优化人才结构，通过人才的"东融"来不断积累起能够支撑本地区顺利承接产业转移、实现产业结构优化升级的人力资本，并充分发挥人力资本的溢出效应，以最大限度获取收益，是试验区"东融"战略顺利推进的重要智力基础与保障。

试验区通过人才的"东融"来实现人力资本的积累，主要包括两个方面的内容，一方面，要实现区域人力资本结构和质量与区域产业结构转型升级以及区域经济高质量发展的适配性和协调性；另一方面，在这一过程中要充分发挥人力资本聚集与人才流动的溢出效应。

（一）提升区域人力资本与区域产业转型升级的协调性

在积极吸引人才、加大人才集聚的过程中，要注重区域人才流动、人力资本结构和质量与区域产业结构转型升级以及区域经济高质量发展的适配性和协调性。试验区要高层次、高质量、高水平地承接大湾区的产业转移，同时需要用更加超前、更加现代化的思维和视野来规划、引导试验区自身的产业发展，因而对于区域人才结构优化与区域产业结构转型升级协同发展的需求也越来越强。试验区承接大湾区的产业转移、接收大湾区的产业与经济辐射，必须使人才结构和人力资本水平与本区域产业转型发展的重点和方向相匹配，要实现人才的引进、培养和使用与产业发展深度融合，实现人才链与产业链的高效融合与双向促进，这也是加快融入大湾区产业集聚高地的内在要求。

对于试验区而言，要从积极吸引大湾区人才流入以及通过产教合作与交流加快人才培育两个方面入手。一方面，要针对所承接的大湾区高端产业需求以及本区域构建现代化产业体系的定位，完善人才流动机制，积极吸引大湾区以及泛珠三角地区的高素质人才以及高技能劳动力，尤其是能够匹配新一代信息技术、新能源、生物医药、节能环保等高技术产业和战略性新兴产业以及商贸服务、金融服务、文化创意等现代服务业发展的高端人才资源。另一方面，要加快提升自身教育水平，尤其是职业教育水平，培养一批能够支撑产业转型升级的高技能劳动力。推进梧州市职业院校、职教中心与大湾区的同类职业院校、教育结构等开展联合办学，深化梧州学院与大湾区高校和企业在人才培养、师资队伍建设、学科建设、科研合作、产学研等方面的合作交流，深化产教融合与校企合作，从而带动一批示范性高技能人才培育基地的建设。通过加强粤、桂两省（区）的高校和科研院所开展"政产学研用"合作，以支撑并加快试验区"人才特区"的建设。

（二）充分发挥人力资本聚集与人才流动的溢出效应

在现代经济增长中，人力资本所具有的外部性是经济增长的重要动力引擎之一。随着区域一体化不断发展，人才、知识等创新要素流动所形成的技术扩散和人力资本的外部性能够帮助技术落后地区形成学习和模仿能力，从而产生溢出效应，并有助于区域间创新水平差距的缩小[1]。这种人力资本的外部性首先表现在对生产率的溢出效应上，即通过"干中学"，受到教育的工作者会使其他工作者生产效率提高[2]。从不同国家之间的技术转移来看，只有当东道国的人力资本存量达到一定规模之后，才能够有效地消化、吸收通过国际技术溢出所带来的先进技术；一般来说，人力资本存量水平越高，国际技术的外溢效应越显著。对于不同区域而言，人力资本所产生的溢出效应意味着经济欠发达区域通过加大人力资本投入、促进人力资本聚集、提升人力资本存量水平，可以更有效地吸收和利用经济发达区域的技术溢出，从而形成对经济发达区域的追赶效应，进而缩小区域发展差距。

如何充分接收大湾区的人才溢出效应，并通过发挥人力资本的溢出效应有效促进本地区技术、资金、管理等其他要素效能的提升，试验区需要考虑的是：第一，提升本区域产业结构的高级化水平以及知识密集程度。不同产业的技术特征差异较大，具有不同技术特征的人力资本在不同区域内积聚，必然会导致人力资本溢出效应的范围、规模和程度在不同区域之间存

---

[1] Benhabib J., Spiegel M. M., "The Role of Human Capital in Economic Development Evidence from Aggregate Cross-country Data", *Journal of Monetary Economics*, Vol. 34, No. 2, 1994.

[2] 刘生龙：《人力资本的溢出效应分析》，《经济科学》2014年第2期。

在着巨大差异①。若某一区域内产业结构的知识和技术密集程度较高，为匹配更为先进的技术和设备，往往进行更大规模和更加充分的人才交流与教育培训，因而更有利于人力资本溢出效应的发挥。相反，若劳动密集型和资本密集型的产业份额较大，其竞争优势的形成主要来源于以低劳动力成本为基础的规模经济，则会在很大程度上限制人力资本溢出效应的发挥。第二，充分发挥市场在人才资源优化配置方面的主导作用。这需要健全统一规范、竞争有序的人力资源市场体系，充分发挥市场在实现人才流动中的主渠道作用，建立并完善产业发展、转型升级与人才供求匹配机制以及人才市场供求、价格和竞争机制。在市场配置资源的过程中，政府所发挥的作用是通过政务服务和法律保障来促进市场的调节配置功能，实现人才资源的自由流动并保证流动的有序性和高效性，活跃劳动力市场，确立合理的人力资本投资回报以及人才流动机制，建立并完善人才流动、人才使用等相关制度的市场化体系②。第三，增强劳动力市场的开放性，并可适度加大劳动力市场的竞争程度。Carlino 等学者（2007）研究发现，就业密度提高一倍，工人工资将提高15%，人均专利水平提高 20%③。这意味着高素质劳动力迁入所带来的就业密度增加能够促进本区域人力资本的积累以及不同群体之间的知识溢出水平，从而提升区域创新和生产力水平，

---

① 张宇、陈美兰：《农村人力资本溢出机制初探》，《中国国情国力》2010 年第 9 期。

② 顾颖、董联党等：《欧洲一体化进程中的区域经济发展》，中国社会科学出版社 2008 年版。

③ Carlino G. A, Chatterjee S, Hunt R. M., "Urban Density and the Rate of Invention", *Journal of Urban Economics*, Vol. 61, No. 3, 2007.

进而推动区域经济增长①。就业密度的增加和劳动力市场竞争的加剧又能够倒逼区域内现有劳动力通过教育和培训等来加大人力资本投资,以保持并强化竞争优势,这又会进一步提高区域内劳动力素质和人力资本质量。因此,增强劳动力市场的开放性和流动性,并适度加大劳动力市场的竞争程度,能够促进人力资本保持其先进性。第四,提升区域人力资本合作与开发的制度化水平,建立人力资本补偿机制。人力资本区域合作与开发能否制度化、规范化且长期、持续,其关键在于人力资本的区域合作能否使流出地和流入地双方获得经济利益,因此人力资本流出区域和流入区域之间的利益协调十分重要。由于经济发展的非均衡性以及资本回报率的差异性,与物质资本相比,人力资本的流动性更加显著,并且具有从经济欠发达地区向发达地区流动的"单向性"特征,会导致人力资本的"马太效应"。因此,应探索建立合理的人力资本协商补偿机制,在区域之间的高层次人才流动、人力资本投资和使用等方面出台相应的政策法规,保障对前期培养投资主体的基本权益,以促进人才合理流动以及区域公平与可持续发展。

---

① 赵勇、白永秀:《知识溢出:一个文献综述》,《经济研究》2009年第1期。

第五章

推进"东融"战略以实现高质量发展

第一节 优化并创新"东融"战略推进机制

一 构建市场主导、政府推动的双轮驱动机制

在区域协调发展的过程中,市场与政府所发挥的作用是相辅相成、相互促进、互为补充的。一方面,真正具有动力功能的是市场机制,要坚持市场在资源配置中的决定性作用,打破行业垄断、进入壁垒和地方保护,通过市场机制来引导要素资源在区域间合理流动,增强企业对市场需求变化的反应速度和调整能力,强化企业的要素配置效率与核心竞争力。另一方面,政府是区域协调发展的组织者、调控者和监管者,在区域间的市场机制失效或出现缺陷的情况下,政府能够弥补市场机制的不足,是调节区域间经济关系、完善区域市场运作机制的重要力量。政府的首要任务是培育促进区域经济协同发展的市场机制,在尊重市场规律的基础上,为充分发挥市场机制的作用创造良好的政务环境。政府需要做的是"用改革激发市场活力、用政策引导市场预期、用规

划明确投资方向、用法治规范市场行为"①。通过制定顺应经济发展和遵循市场规律的经济政策，尊重市场机制的作用和企业的自主选择，从而将区域经济发展的主动权交还给市场这一配置要素资源的主体，以实现各类资源、要素和服务的自由流动。

同时，需要注意的是，在承接产业转移、吸引项目入驻等招商引资过程中，虽然需要试验区管委会以及地方政府在一定程度上进行介入和干预，但更重要的是发挥市场配置资源的作用，尊重市场竞争的优胜劣汰规律，引入市场竞争机制，从而充分发挥市场主体的主动性与积极性。在市场经济环境下，政府应从直接管理投资项目向进行市场监管和提供公共服务转变。政府的主要职能应是制定完善的政策和法律法规、营造良好的投资环境、提供保障服务等宏观方面的调控。在市场经济环境下，政府必须从直接管理投资项目中解脱出来，由招商引资的主角转变为配角，将关注的焦点从项目落户转向进行市场监管、提供公共服务、配置公共资源方面。招商引资中的部分可社会化、市场化的细节事项与问题，可交由专业中介机构和组织来负责。政府在招商引资过程中的作用应更多地体现在产业调控方面，通过产业政策的指引以及负面清单来引导产业结构的转型升级，从而加快构建起与大湾区产业发展相协调、相配套的现代化产业体系。这样才能充分发挥政府调控的规模效益，优

---

① 《习近平在中央政治局第三十八次集体学习时强调　把改善供给侧结构作为主攻方向　推动经济朝着更高质量方向发展》，http://news.cnr.cn/native/gd/20170122/t20170122_523520114.shtml。

化营商环境，有效降低交易成本，从而吸引真正具有市场发展潜力、具备核心竞争力的产业和企业向试验区转移，并最终产生投入—产出效益。

二 构建基于自主创新的内生驱动机制，强化创新要素支撑

资源禀赋、历史因素、宏观政策和国家战略机遇等都会对区域发展造成不同程度的影响，但导致区域发展差距的根本原因是区域自身缺乏内生增长动力。来自外部的支持可以帮助区域弥补发展不足，实现跨越和赶超发展等任务，但这在一定程度上只能起到短期效应[①]。试验区要想在"东融"战略推进过程中实现持续的高质量发展，就必须从外部"输血"向自我"造血"转变，强化技术、人才、产业、资本等创新要素的聚集和支撑能力，从而形成系统性、规模性的"造血功能"，打造支撑试验区高质量发展的内生驱动力。

在向大湾区学习与"借力"的过程中，如何将制约自身产业发展的关键技术需求与大湾区的创新资源深度对接，如何高效配置内外部创新资源，如何激发创新活力、抢占科技创新制高点，如何形成经济持续发展内在驱动力是"东融"战略推进过程中更为重要且亟待突破的问题。要破除制约大湾区优质创新资源向试验区流动和转移的难点，接受大湾区先进生产力的辐射，构建一批科技研发机构和创新平台，并

---

① 廖耀华、徐凯赟：《新时代区域高质量协调发展战略内涵、机理及路径》，《宁夏社会科学》2019 年第 3 期。

能将学习到的新技术、新理念、新模式内化为推动试验区技术创新和科技成果转化的内在行动体系，逐渐减轻对外来引进技术的依赖和模仿。积极吸引大湾区的优质企业在试验区设立产品研发中心，鼓励区内有条件的企业设立技术中心、开展自主研发，支持区内龙头企业与大湾区高校、科研院所、社会服务机构等共建产业技术创新战略联盟，以提升自身技术创新水平，服务和支持区内产业创新发展。要实施有利于提升区域创新效率的人才战略，加强与大湾区人才资源的联动发展，促进区域人才合作与开发。既要积极吸引大湾区高层次人才向试验区流动，畅通人才流动渠道，消除人才合作中的制度性障碍；更要优化组合区内区外高校和科研院所等教育资源，加大教育资金、师资力量以及基础设施建设投入，依托重点学科建设、科研创新基地、国家重大科研项目等，构建高水平人才培养基地以及科技创新人才高地，提高试验区创新资源获取能力以及自主创新能力。同时也要加强产业发展和人才项目的联动性，积极引导和鼓励人才资源向区内重点产业、优势产业以及高技术产业流动聚集，通过人才聚集加快产业集群的形成，通过产业集群的发展促进人才效益的提升。

三 构建更加科学有效的区域合作发展利益共享与协调机制

从区域经济学视角看，区域协调发展以及区域一体化发展的本质是"区域再分工"，以实现对生产要素和资源的无障碍跨界流动。区域之间的经济发展差异以及合作关系和利益机制在很大程度上决定了区域协调发展的进程和水平。总体来看，区域发展的整体利益是区域内部具有相对独立性的各局部利益的有机耦合而非简单叠加。在实现区域合作的过程中，需要对区域内部各成员各主体的利益进行合理调整和分配，以寻求利益平衡点。地处广东、广西交界处的试验区在资源禀赋、产业结构、经济发展水平和发展目标等方面与大湾区存在着较大的差异性，同时也具备互补性。要想顺利推进"东融"战略，在与大湾区的对接融合中实现合作与发展，则需要试验区与大湾区共建科学合理、互利互惠的跨区域利益共享与协调机制，通过体制机制上的创新实现区域内资源的最优配置，从而形成试验区与大湾区城市群分工合理、功能互补、协同发展的区域合作发展新格局。

区域经济合作不能只依靠市场机制的调节，只有建立起完善的利益共享与补偿机制，才能实现并维持区域之间的长期合作关系。作为欠发达地区的试验区与作为发达地区的大湾区在合作中必然存在着优势不对称和地位不对等，因此需要建立起以政府为主导的利益补偿机制，提供利益补偿相关的制度供给。也就是说，两地的地方政府在平等、互利和协作的基础上，通过规范的制度建设，实现不同地方间的利益转移以及地方政府间的合理利益分配，通过合作来共享区域整体利益[1]。例如，人力资本的流出和获取、产业的转移和分工、产业转移过程中的环境负外部性和跨界污染、地方政府政绩竞争等所导致的利益

---

[1] 张明军、汪伟全：《论和谐地方政府间关系的构建：基于府际治理的新视角》，《中国行政管理》2007年第11期。

冲突，都需要政府尽可能提供政策层面的利益协调措施，通过财政补贴、税收返还、人才激励等途径来实现合理的利益分配与协商合作，并能够构建信息共享平台进行有效信息的沟通与交流，合理布局产业空间分布、优化调整产业结构，以形成与大湾区产业配套关联的产业链，等等。尤其是试验区作为"飞地经济"合作与园区建设的模板，更需要充分发挥其先行先试优势，通过联合出资、项目合作、资源互补、技术支持等方式，不断探索、创新并构建科学有效的合作区税收征管和利益分配机制。

四 构建以创新为导向的"东融"考核与评价机制

"东融"战略的实施和推进是一项长期、系统的工程，需要形成一套科学、合理的考核与评价机制，对"东融"战略实施的阶段性成果进行评价，并以此为基础加强动态管理，进行合理优化调整。要改变"唯GDP论"的绩效考核导向，完善考核制度，制定并出台《粤桂合作特别试验区"东融"战略实施考核评价办法》，科学设计考核评价指标体系，除工业总产值、固定资产投资额、进出口额、外商投资额等指标之外，还需要将能够反映"东融"进程中的产业集聚程度、产业引导基金与投资基金设立情况、产业发展与基础设施配套情况、产城融合发展情况、财政支出中用于科技创新的比例、专业技术人才和高技能人才比例、投资便利化程度、园区绿色低碳发展程度等相关指标纳入考核评价体系中。在此基础上，可总结形成"东融"指数，定期向全社会公布各项指标完成情况，促进"东融"战略信息公开，健全试验区管委会与企业、公众的沟通机制，引入社会监督机制，以确保"东融"战略持续有效推进，从而能够引导试验区不断改善并优化营商环境，调整工作重点和方向，在服务国家区域协调发展战略的基础上，树立并打造国家首个横跨东西部省际流域合作试验区的范例与品牌。

第二节 以品牌经济的发展加快"东融"战略的推进

随着供给侧结构性改革以及新旧动能转化的逐步深入，区域经济要实现持续、高质量发展，必须摆脱对土地、资本、劳动力等传统发展路径的依赖，挖掘出更具比较优势、能够发挥溢出效应且不可替代的全新竞争要素，而加强品牌经济建设则是一个很好的战略切入点。通过发展品牌经济，可以增强试验区的核心竞争力，优化投资环境，提高招商引资吸引能力，促进区域文化认同，实现经济融合共赢。因此，试验区通过发展品牌经济，能够有效加快"东融"战略的推进速度，并打造成为梧州、广西、泛珠三角地区以及中国区域合作发展的一张特色名片。

一 试验区发展品牌经济的优势

对于试验区而言，其在政策、文化以及体制机制等多方面均具备发展品牌经济的基础优势。

第一，试验区在国家区域协调发展战略中处于改革高地。试验区是党的十八大以来我国区域发展政策强调合作协调发展的重要产物。作为中国唯一的跨东西部、跨省、跨流域的试验区，处于广西、广东两省（区）交界处，是珠三角经济圈、泛北部湾经济圈、大西南经济圈和珠江—西江经济带的重要交会节点，同时也是21世纪海上丝绸之路和丝绸之路经济带有机衔接的重要门户，是打造西南中南地区开放发展的战略支点。试验区承担着服务国家战略、协调区域发展的重要功能，既是区域经济辐射交集区，同时也是多项政策叠加、先行先试的改革高地。

第二，梧州具有深厚的历史文化底蕴，并与粤港澳文化同根同源。无论是产品品牌、企业品牌、区域品牌还是国家品牌，文化始终是品牌发展的灵魂和基因。梧州是古代岭南的政治、经济、文化中心，也是中国历史上两广总督府所在地。作为两广文化发祥地，梧州文化传统源远流长，广信文化、龙母文化、骑楼文化、粤剧文化等内涵丰富，同时梧州又与粤港澳地区语言相通、习俗相近。这种深厚的历史文化底蕴和地缘文化优势成为试验区及梧州打造特色区域品牌的强势文化"基因"。

第三，试验区在管理体制和运行模式上具有重要的创新性。在顶层设计上，试验区实行"两省（区）领导、市为主体、独立运营""统一规划、合作共建、利益共享、责任共担""政策叠加、择优选用、先行先试"的特别机制以及市场化运作、合力发展的开发模式，是创新区域经济合作模式的先行典范，并能够充分展现合作开放、灵活管理、高效服务的负责任的政府形象。

二 试验区发展品牌经济的重点

在"东融"战略的推进过程中，试验区应将产业和标准作为品牌经济发展的重要抓手。

一方面，要抓好产业高质量集聚化发展的硬实力。质量和创新始终是品牌发展的根本，一个有竞争力和影响力的品牌一定能够提供高质量的产品与服务供给体系。对于经济开发区、高新区等园区而言，产业的集聚化发展和产业集群往往是园区经济发展的重要战略手段。产业集群的规模优势、专业化优势和差异化优势所形成的内聚效应能够促进区域品牌的传播，形成品牌效应，从而驱动区域品牌化发展。试验区自身具备良好的传统资源型产业基础，尤其是在食品和中医药行业领域拥有冰泉豆浆、六堡茶、神冠肠衣、中恒制药等老字号本土品牌以及地理标志品牌。同时，在新兴产业领域，试验区由粤、桂两省（区）共建，在承接大湾区高新技术产业以及现代服务业转移方面具有得天独厚的优势。通过市场化机制的推动以及政府的引导与支持，诸多入驻企业的协同发展能够通过规模经济效应产生大量就业机会，并通过专业化分工和价值链延伸提升生产效率，降低交易成本，增强区域竞争力，集群内的企业通过相互之间合作和联系的不断加强又会促进知识、技术和技能的外溢。这种产业集群的发展以及由此引发的规模效应和溢出效应是支撑试验区品牌经济发展的重要生产力基础，打造强势的产业集群品牌将成为试验区实现高质量发展以及全面对接大湾区的重要战略抓手。集群和园区内的企业在经营发展过程中也要树立品牌意识，重视加大品牌投入及其与其他方面创新资源的互补协调，面向本地消费者、大湾区消费者以及全球消费者输出高质量的产品、服务以及优质的品牌。

另一方面，要抓好试验区自身品牌化发展的软实力。中国区域经济发展战略经历了从平衡发展战略到经济特区及沿海沿江沿边城市优先发展战略，到四大板块区域统筹战略，到国家级新区发展战略，再到当前区域合作协同发展战略。试验区这种两省（区）领导、独立运营、统一规划、合作共建的跨区域运营模式在国内属于首创，具有极其重要的创新性、领先性和示范性。试验区是打造两广一体化发展、东西部合作发展的重要先行示范载体，在区域经济合作的体制机制创新方面承担着先行先试的使命，而对于这种新的、成功的管理体制和发展模式，应强调其具有可复制性。在"东融"战略的实施过程中，随着试验区跨越行政区域，并借助"一带一路"倡议"走出去"时，这种体制机制模式应当带有试验区的品牌符号，代表试验区的品牌形象（例如，深圳地铁为埃塞俄比亚的第一条轻轨提供运营管理服务，这同样也是深圳在轨道交通运营管理方面的品牌对外输出）。在试验区的产业规划、产业形象、空间规划、政务服务、环境配套、文化建设等多个领域，都应注入品牌的基本要素，要作为品牌建设基本体系的重要组成部分来进行细化研究和制定，从而能够形成一套管理方案、体系和标准，乃至形成知识产权。这不仅能够加快试验区在更大程度上接收大湾区的经济辐射，还能够形成试验区自身对周边城市的溢出与辐射效应，充分发挥广西向东开放的龙头带动作用。

第 六 章

推进"东融"需要回答的几个问题

2019年2月28日,《粤港澳大湾区规划纲要》发布,标志着这一由习近平总书记亲自谋划、亲自部署、亲自推动的国家战略正式落地实施。大湾区包括香港特别行政区、澳门特别行政区和广东省广州市、深圳市、珠海市、佛山市、惠州市、东莞市、中山市、江门市、肇庆市,总面积为5.6万平方公里,区位优势明显,经济实力雄厚,创新要素集聚,国际化水平领先,合作基础良好,是我国开放程度最高、经济活力最强的区域之一。试验区以梧、肇两市交界为轴心,粤、桂双方各划出70平方公里共同建设,处于大湾区的直接辐射范围。作为中国唯一的跨越东西部省界流域合作的试验区,如何抓住国家支持大湾区建设的重大机遇,搭乘大湾区发展"快车",做好"东融"大文章,借力加快发展,是新时代试验区开放发展的重要任务。

要做好"东融"文章,必须要搞清楚什么是"东融"(what),为什么要"东融"(why),如何"东融"(how)等问题。2018年4月8—11日,广西壮族自治区党委书记鹿心社在钦州、北海、防城港三市调研时指出，"……'东融'，要主动融入对接珠三角、粤港澳大湾区发展，进而与长三角、京津冀等沿海发达地区加强合作，主动承接产业转移，着力引进资金、技术、人才等，借力加快发展，需狠抓综合立体交通体系、产业承接、高端人才引进等三项重点工作"。梧州市市长李杰云则指出要从理念、交通、产业、人才、生态、治理六大方面全面加快"东融"步伐。上述论断从实践角度回答了何为"东融"，如何"东融"等问题，但我们知道，实践离不开理论指导，要成功实施"东融"战略，必须要理清其理论来源，构建好理论基础。

因此，本章借助区域经济理论、发展经济学、制度经济学、新经济地理学等学科的理论工具，以"东融"的理论内涵为研究起点，梳理总结了试验区"东融"的理论支撑和实现路径，在第七章测算了试验区与大湾区城市的经济联系和地缘经济关系，分析了现阶段试验区"东融"取得的成绩，以此作为试验区"东融"建议的基础。希望通过对上述问题的回答，有助于更好地指导试验区"东融"战略的实施，同时为其他地区与大湾区城市合作提供有益的借鉴。

第一节 什么是"东融"？

把握"东融"的内涵，是成功实施"东融"战略的前提和基础。在回答什么是"东融"之前，我们先对区域经济一体化、区域经济协调发展、区域经济可持续发展等相关名词的概念一一进行辨析。

一 区域经济一体化

"一体化"（Integration）最初源于企业间联合的研究，包括"水平一体化"和"垂直一体化"，在20世纪40年代被用于区域经济的分析，才有了"区域经济一体化"（Reginal Economy Integration）这一名词。在区域经济一体化内涵的论述中，Tinbergen（1954）和Balassa（1961）的定义是被学者们最为广泛接受的[1]。Tinbergen（1954）认为区域经济一体化就是将有关阻碍经济最有效运动的人为因素加以消除，通过相互协作与统一，创造最适宜的国际经济结构，并把消除歧视与管制的经济贸易自由化称为"消极一体化"，运用强制力量建立新的贸易自由化制度称为"积极一体化"[2]。Balassa（1961）将区域经济一体化定义为各成员体之间相互取消各种歧视，创造某些合作的因素，最终达成一个统一整体的过程或状态，这里的"过程"可以理解为消除成员间歧视和限制的举措，"状态"可以理解为成员间歧视和限制消失的现象[3]。

国内学者受到国外研究的启发，也尝试对区域经济一体化的内涵进行解析。伍贻康（1994）认为区域经济一体化是指两个或者两个以上国家的产品及生产要素可以无障碍地流

---

[1] Jan Tinbergen, *International Economic Integration*, Amsterdam: Elsvier Publishing Co., 1954, pp. 6 – 18; Bela Balassa, *The Theory of Economic Integration*, London: George Allen & Unwin Press, 1961.

[2] Jan Tinbergen, *International Economic Integration*, Amsterdam: Elsvier Publishing Co., 1954.

[3] Bela Balassa, *The Theory of Economic Integration*, London: George Allen & Unwin Press, 1961.

动和进行经济政策的协调，一体化程度的高低以产品和生产要素自由流动的差别或范围大小来衡量①。张幼文（2001）认为区域经济一体化指的是在世界生产力发展的客观推动和各国谋求国民经济持续发展的主观努力的综合作用下，特定区域内的国家或地区通过达成某种经济合作承诺或者组建一定形式的经济合作组织，谋求区域内商品流通和要素流动的自由化以及生产分工的最优化，直至形成各国经济政策和区域经济体制某种程度的统一②。韩佳（2008）认为区域经济一体化是特定区域内的国家或地区，通过建立制度性或非制度性的经济合作组织实行经济联合，谋求区域内商品和生产要素获得自由流动与优化配置，最终实现区域内各国经济乃至社会政策高度协调统一的过程③。李瑞林（2009）把区域经济一体化定义为地理位置相邻近的两个或两个以上的国家（地区），以获取区域内国家（地区）间的经济集聚效应和互补效应为宗旨，为促使产品和生产要素在一定区域内的自由流动和有效配置而建立的经济区域集团，其实质是降低区域内交易成本，使产品要素自由流动，在市场作用下形成资源的最优配置④。罗蓉和罗雪中（2009）认为，区域经济一体化一方面是一种动态演变过程，在这种动态演变过程中，区域经济系统中各元素相互作用、相互影响、相互促进，具有比孤立分割下的经济体更

---

① 伍贻康：《区域性国际经济一体化的比较》，经济科学出版社1994年版，第6页。
② 张幼文：《应对经济全球化的对外开放战略》，《世界经济研究》2001年第6期。
③ 韩佳：《长江三角洲区域经济一体化发展研究》，博士学位论文，华东师范大学，2008年。
④ 李瑞林：《区域经济一体化研究》，人民出版社2009年版。

高的运转效率；另一方面也是一种相对稳定的静态表现，在这种相对静止状态下，区域经济系统中各单元分工合作、相互依存、彼此联系，具有比孤立分割状态下的经济体更优越的性能和特征[①]。

总体而言，区域经济一体化的内涵可以表示为各个区域为谋求自身发展，通过消除区域间的各种障碍，实现要素产品自由流动，优化区域内资源配置，按照优势互补原则合理区域内分工，最终形成一个相互融合、彼此依赖的发展系统。区域经济一体化有两层含义：一是指依据自然地域经济之间的内在联系、商品流动、文化传统和社会需要而形成的经济联合体；二是指在区域分工与协作基础上通过要素的区域内流动而实现的区域经济协调发展的过程。

二 区域经济协调发展

为了解决改革开放以来区域经济差异逐渐扩大、区域发展不平衡日益显著的现实问题，我国学术界于20世纪90年代初提出了区域协调发展的概念[②]，并逐渐成为高频率使用的专业词汇。由于区域经济发展的动态性，其内涵也在不断地扩展，这从我国"九五"规划以来的各个五年规划中的表述也可窥探一二。表6—1列举了"九五"规划到"十三五"规划中区域经济协调发展的相关论述，一方面可以看出缩小区域发展差距、形成合理

[①] 罗蓉、罗雪中：《论区域经济一体化演进机制及城市主导作用》，《社会科学战线》2009年第9期。

[②] 国务院发展研究中心课题组：《中国区域协调发展战略》，中国经济出版社1994年版。

的区域分工与合作、要素自由流动一直是区域经济协调发展的主要内容；另一方面也可以看出越来越重视区域经济发展的环境承载能力，正所谓"既要金山银山，也要绿水青山"。

表6—1　　　国家规划中区域经济协调发展的相关内容

来源	与区域经济协调发展内涵相关的内容
"九五"规划	按照统筹规划、因地制宜、发挥优势、分工合作、协调发展的原则，正确处理全国经济总体发展与地区经济发展的关系，正确处理发展区域经济与发挥各省（自治区、直辖市）积极性的关系
"十五"规划	实施西部大开发战略，加快中西部地区发展，合理调整地区经济布局，促进地区经济协调发展
"十一五"规划	根据资源环境承载能力、发展基础和潜力，按照发挥比较优势、加强薄弱环节、享受均等化基本公共服务的要求，逐步形成主体功能定位清晰，东中西部良性互动，公共服务和人民生活水平差距趋向缩小的区域协调发展格局
"十二五"规划	充分发挥不同地区的比较优势，促进生产要素合理流动，深化区域合作，推进区域良性互动发展，逐步缩小区域发展差距
"十三五"规划	打造生产要素自由流动、主体功能有效、资源环境可承载、公共服务均等的区域经济协调发展新局面

资料来源：各个时期对应的《中华人民共和国国民经济和社会发展规划纲要》。

国内学者对于区域协调发展的内涵界定做了诸多尝试。覃成林（1998）认为区域经济协调发展是区域之间在经济交往上日益密切、相互依赖日益加深、发展上关联互动，从而达到各区域的经济均衡持续发展的过程[①]。高志刚（2002）认为区域经济协调发展是指在国民经济的发展过程中，既要保持国民经济

---

① 覃成林：《论经济市场化与区域经济协调发展》，《经济纵横》1998年第1期。

的高效运转和适度增长，又要促进各区域的经济发展，使区域间的经济差异稳定在合理、适度的范围内，达到各区域优势互补、共同发展和共同繁荣的一种区域经济发展模式[①]。陈秀山和刘红（2006）认为，区域协调发展是在国民经济发展过程中，既要保持区域经济整体的高效增长，又能促进各区域的经济发展，使地区间的发展差距稳定在合理适度的范围内并逐渐收敛，达到各区域协调互动、共同发展的一种区域发展战略[②]。彭荣胜（2007）把区域经济协调发展定义为区域之间相互开放、经济交往日益密切、区域分工趋于合理，既保持区域经济整体高效增长，又把区域之间的经济发展差距控制在合理、适度的范围内并逐渐收敛，达到区域之间经济发展的正向促进、良性互动的状态和过程[③]。范恒山（2011）结合我国经济发展的新形势提出了区域协调发展内涵的五个方面，即区域之间的人均 GDP 差距应当控制在合理的范围之内、不同地区居民享受的基本公共服务是均等化的、各区域可以充分有效地发挥其经济比较优势、区域之间的相互关系是良性互动的、人与自然之间的关系是协调的[④]。刘俊英（2012）认为区域经济协调发展是在保证整体经济不断增长和效率不断提升的情况下促进区域经济的均衡化发

[①] 高志刚：《中国区域经济发展及区域经济差异研究述评》，《当代财经》2002 年第 5 期。

[②] 陈秀山、刘红：《区域协调发展要健全区域互动机制》，《党政干部学刊》2006 年第 1 期。

[③] 彭荣胜：《区域经济协调发展的内涵、机制与评价研究》，博士学位论文，河南大学，2007 年。

[④] 范恒山：《我国促进区域协调发展的理论与实践》，《经济社会体制比较》2011 年第 6 期。

展，进而使区域经济差距维持在适度的范围之内，最终实现区域间的经济比较优势充分发挥、区域间相互促进、共同发展的经济发展模式[①]。

不管是国家规划还是学术界的理论研究，对于区域经济协调发展的内涵存在某些内容上的共识，即区域之间经济联系日益密切，区域分工趋向合理，区域间经济发展差距在一定的"度"内，且逐步缩小，区域经济整体高效增长，但是在学术研究中更多的是讨论经济范畴，较少讨论区域经济协调发展中的环境生态问题。

三 区域经济可持续发展

自"九五"规划把"可持续发展"（Sustainable Development）作为我国经济发展的重要指导方针和战略目标起，学术界对其进行了广泛的研究。区域经济可持续发展建立在"可持续发展"的概念基础之上，主要用于研究环境资源约束下的经济发展问题。王伟中（1999）将区域经济可持续发展定义为现有自然资源（包括环境）约束条件下，充分发挥区域优势，实现区域经济的持续有效增长[②]。这里的经济增长是指专业集约的经济增长，可再生资源消耗速度要小于其再生速度，非再生资源应约束在技术条件下，废物产生量要小于等于环境承载量。陈烈和姚丽斌（2000）认为，区域经济可持续发展就是在逐步

[①] 刘俊英：《公共支出与区域经济协调发展：理论综述与研究动态》，《经济问题探索》2012年第10期。

[②] 王伟中：《中国可持续发展态势分析》，商务印书馆1999年版。

提高国民生产总值和国民经济效益的基础上，逐步缩小区域间贫富差距，逐步实现区域经济均衡发展[①]。刘目前（2007）认为，区域经济可持续发展就是在确保区域经济获得稳定增长的同时，实现社会持续发展，对自然资源的合理开发和利用，保持生态环境的良好循环[②]。

四 "东融"的本质

从上述概念解析来看，区域经济一体化、区域经济协调发展和区域经济可持续发展，既有相同之处，又有显著区别。具体而言，三者都是以"区域"作为研究对象，强调消除区域要素流动障碍和区域合理分工的重要性，其最终目的都是实现区域经济发展。三者强调的经济效应则有所不同，区域经济一体化是卡尔多—希克斯改进，即区域系统整体利益增加但无法保障所有的区域个体利益的相对增加；区域经济协调发展要实现系统的帕累托改进，即所有区域在相互联系的网络中都能获得"区域利益的共同增进"；区域经济可持续发展则更注重时间维度的"代际公平"。

那么，"东融"的本质到底是什么呢？《中共梧州市委员会关于毫不动摇实施"东融"战略的决定》对于"东融"战略的描述为，"主动接轨、务实合作，全方位、高起点、宽领域融入粤港澳大湾区，积极承接产业转移，大力吸引人才、资本、技

[①] 陈烈、姚丽斌：《我国区域经济可持续协调发展战略探讨》，《经济地理》2000年第6期。

[②] 刘目前：《区域可持续发展综合评价研究》，硕士学位论文，湖南农业大学，2007年。

术和产业,提高我市参与粤港澳大湾区产业分工合作水平","使梧州成为珠三角乃至粤港澳地区现代制造业配套基地、绿色有机食品供应基地和休闲旅游度假康养基地"。这一指导文件主要针对梧州市"东融",对试验区"东融"同样具有适用性。根据指导文件的描述和相关概念的内涵,笔者认为试验区"东融"的本质就是要实现区域协调发展,即试验区通过积极和被动的手段消除与大湾区城市群的制度差异,实现区域间要素产品市场一体化,通过承接大湾区产业转移,形成相互依赖的区域产业分工和合作体系,通过共治共享逐步缩小试验区与大湾区城市群的经济差距,最终实现后发地区跨越式发展的过程。

第二节 为什么要"东融"?

在厘清"东融"内涵的基础上,我们需要思考的另一个问题就是为什么要"东融"。本节通过对区域经济相关理论的梳理来尝试分析为什么要"东融"。

一 区域经济发展的客观规律

(一)社会交往理论

马克思的社会交往理论表明生产力水平会制约人们的交换和消费形式,人们在他们的交往方式不再适合于既得的生产力时,就不得不改变他们继承下来的一切社会形式。[①] 区域经济合

[①] 江丹林:《东方复兴之路:非西方社会发展理论与建设有中国特色社会主义》,广东教育出版社1996年版。

作作为特定地域范围内的现实交往，就是指各个区域在生产力发展水平、社会发展阶段等客观条件的限制下，无法通过单个主体的努力满足自身发展，必须通过特定的方式结合起来实现发展的过程。马克思的社会交往理论利用唯物历史观阐述了区域经济合作是社会历史发展自身所固有的客观规律。

（二）区域相互依赖理论

区域相互依赖理论虽然与马克思理论立足点不同，但同样认同区域之间的相互依赖是经济社会发展的客观规律，任何区域之间都存在相互依赖关系，只不过程度有差异。相互依赖虽然是在不同社会制度下有其某些特殊的具体表现形式，但究其原因主要包括生产力发展、商品经济的发展、区域差异性、技术进步以及资本国际化。需要指出的是，区域在相互依赖中应客观对待获得支撑自己发展的有利条件和不利条件效应，避免闭关自守，失去利用外部有利条件的机会来促进自己发展的有利效应。

（三）区域相互作用理论

区域相互作用理论核心思想是指为了保障生产、生活的正常运行，城市之间、城市和区域之间总是不断地进行着物质、能量、人员和信息的交换，这些交换即称之为空间相互作用，正是这种相互作用，才把空间上彼此分离的城市结合为具有一定结构和功能的有机整体。空间相互作用产生的条件有三个：互补性、中介机会和可运输性。空间相互作用能够使相关区域加强联系，促进融合进程，拓展发展的空间，同时还会引起区域之间对生产要素、资源、发展机会等的竞争。

（四）区域经济发展阶段理论

Hoover 和 Fisher（1949）指出任何区域发展存在"标准阶

段次序",依次为自给自足经济、手工业阶段、工业化阶段和专业化生产阶段,在专业化阶段发达区域通过资本、熟练技术人员的输出带动欠发达区域[①]。Rostow(1960)认为一个区域(国家)经济发展主要经历传统社会阶段、经济起飞准备阶段、经济起飞阶段、成熟阶段和高额群众消费阶段五个阶段[②]。Williamson(1965)把库兹涅茨的收入"倒U形曲线"引入区域经济发展分析,认为在区域经济发展的初始阶段,随着总体经济增长,区域经济空间差异逐渐扩大,随后区域经济空间差异保持稳定,在区域经济进入成熟阶段后,区域经济空间差异将随着总体经济增长而逐渐下降,直至最后消失而实现区域经济一体化,即"先扩大,后缩小"[③]。Friedman(1966)提出的中心边缘理论阐明了一个区域如何由互不关联、孤立发展,到发展不平衡,又由极不平衡发展,变成相互关联平衡发展的区域系统[④]。具体而言,在区域经济增长过程中,区域空间结构按照工业化前期、工业化初期、工业化成熟、工业化后期和后工业化五个阶段,呈现离散型空间结构、集中型空间结构、扩散型空间结构和均衡型空间结构阶段的演替次序。

[①] Edgar Malone Hoover and Joseph Lyman Fisher, "Research in Regional Economic Growth", in Universities-National Bureau, eds, *Problems in the Study of Economic Growth*, New York: National Bureau of Economic Research, 1949.

[②] Walt Whitma Rostow, *The Stages of Economic Growth: A Non – Communist Manifesto*, Cambridge, Mass.: Cambridge University Press, 1960.

[③] Jeffrey Gale Williamson, "Regional Inequality and the Process of National Development: A Description of the Patterns", *Economic Development and Cultural Change*, Vol. 13, No. 4, July 1965.

[④] John Friedman, *Regional Development Policy: A Case Study of Venezuela*, Cambridge, Massachusetts: M. I. T. Press, 1966.

二 合作共赢的"利益"诉求

(一) 古典贸易理论

古典贸易理论主要通过解释区域贸易利益来说明贸易的实现途径,其中具有代表性的思想理论有绝对成本论、比较成本论和要素禀赋论。绝对成本论表明区域内各个成员国(地区)只生产本国(地区)拥有绝对优势的产品并进行交换,就会使各国以最低成本获得收益。比较成本论放松了绝对成本论的条件,认为只要区域内各个成员国(地区)相比其他成员国(地区)拥有相对成本优势,那么通过生产交换各自具有相对优势的商品,就能使各成员国(地区)获得收益。要素禀赋论则是从区域内各成员国(地区)的要素禀赋差异来解释贸易效应,即具有禀赋优势的国家(地区),生产要素价格较低,商品成本低,利润就高;反之则成本高,利润低。因此,通过实现区域内生产要素自由流动,将有利于降低各区域经济发展成本,实现资源优化配置。

(二) 区域经济一体化理论

第二次世界大战后经济发展的现实需求使全球范围内掀起了区域经济一体化的研究高潮,并由此产生了关税同盟理论、自由贸易区理论、共同市场理论、大市场理论等。区域经济一体化理论发展具有很强的时代背景,第二次世界大战后,世界经历了重大的震荡、调整和改组,国际市场竞争日趋激烈,贸易保护主义加剧,各国出于稳固自身的内政和外交地位的目的,亟须借助区域经济一体化及其组织发展的重要推动力。以20世纪50年代"欧共体"成立为例,为了恢复第二次世界大战前的国际地位，西欧各国开始一体化的道路，通过关税同盟、共同农业政策、统一大市场建设和欧洲经济货币联盟等方面的一体化建设，强化了欧洲各国之间的经济联系，增强了对外经济竞争力，提升了欧洲在国际上的政治和经济地位。

除此以外，区域经济一体化本身能够产生各种经济效应，具体包括贸易创造效应、贸易转移效应等静态效应和对成员国贸易及经济增长的动态效应。首先，静态效应。（1）贸易创造效应指实行自由贸易后，产品从成本较高的国内生产转往成本较低的成员国生产，从而使成员国的进口量增加，新的贸易得以"创造"。因此，在生产环节，成员国可以按照成本在区域内重新配置生产要素，从而减少了生产成本，提高了生产效率；在消费环节，关税的取消使成员国可以消费到比原来价格更低的同类产品，从而减少了消费成本、增加了经济福利。（2）贸易转移效应指区域经济一体化后，内部自由贸易和外部保护贸易的加强，使本来非成员国之间的贸易转移为成员国间的贸易。贸易转移效应可能带来负面影响，即成员国把原来从同盟外非成员国进口的低成本生产的产品，转换为从同盟内成员国的高成本生产的产品，产生了福利损失。

其次，动态效应。（1）区域一体化同盟的建立使成员国间的市场竞争加剧，专业化分工向广度和深度拓展，使生产要素和资源配置更加优化；（2）成员国国内市场向统一的大市场转换，自由市场扩大，从而获取转移与规模经济效益；（3）市场的扩大、投资环境的大幅改善，会吸引成员国厂商扩大投资，也会吸引非成员国的资本向同盟成员国转移；（4）由于生产要素可在成员国间自由移动，市场趋于统一并且竞争加剧，投资规模扩大，促进了研究与开发的扩张和科学技术进步，加速了各成员国经济的发展。

（三）区域经济空间结构理论

区域经济空间结构理论主要用于研究区域内各种社会经济活动及其要素分布的空间组合特征及演变规律，其中影响力较大的主要有增长极理论、循环累积因果理论、中心外围理论等。

增长极理论表明经济增长并非同时出现在所有地方，它以不同的强度先出现在一些增长点或者增长极上，然后通过不同渠道向外扩散，即在发展初期，"增长极"吸引周边区域的要素资源，形成产业集聚，产生极化效应；当"增长极"发展到一定程度，就会向外产生推动作用，带动周围区域的增长，产生扩散效应。这里的增长极并不是具有空间意义的具体区位，而是指主导产业。在后续研究中，Boudeville（1966）把"增长极"的内涵进一步扩大，增加了经济关系和区位关系[1]。

循环累积因果理论则是表明在区域经济发展过程中同时存在"回流"和"扩散"这两种累计循环因果效应。"回流效应"指周围欠发达地区的生产要素向增长极回流聚集，阻碍周围欠发达地区的发展；"扩散效应"指生产要素从增长极向周围落后地区的扩散，促进周围欠发达地区的发展。较大的"回流效应"与较小的"扩散效应"导致区域发展差距逐步扩大，而且依靠市场机制无法缩小差距。

中心外围理论具有类似的思想，该理论认为经济发展不会

---

[1] Jacques Raoul Boudeville, *Problems of Regional Economic Planning*, Edinburgh: University Press, 1966.

同时出现在各地，而一旦出现在某一地方，在巨大的集聚经济作用下，要素将向该地方集聚，使其经济增长加速，最终形成具有较高收入水平的中心区，与"中心区"相对应，周边的落后地区称为"外围区"。在中心区和外围区之间同时存在"极化效应"和"涓滴效应"这两种方向不同的作用。

三　简要评述

根据以上分析，可以发现区域发展有其自身发展的客观规律，社会交往理论和区域相互作用理论都表明，任何一个区域都不可能孤立地存在，为了保障生产、生活的正常运行，该区域无时无刻不在与周围的区域进行生产、生活要素的交换。同时，区域经济发展存在着"不平衡—平衡"的演化规律。在经济发展初期，由于资源限制，总是优先发展区位条件优、资源禀赋充足的地区，从而形成"增长极"，当经济发展到一定程度，增长极地区又通过扩散效应等带动周围欠发达地区，从而实现平衡发展。因此，试验区作为欠发达地区，积极"东融"，主动挖掘发展新动力，努力缩小与发达地区的差距，是区域经济发展规律内在驱动的结果。

另外，生产要素总是先聚集在具有优势的产业和地区，并以此形成"增长极"，但当"增长极"发展到一定阶段，将面临土地资源不足、劳动力价格上升等现实问题，如需进一步发展，一方面需要寻找新的生产要素市场以降低生产成本，另一方面则是通过产业转移释放土地资源用于产业结构升级。与此相对应的，欠发达地区则是拥有劳动力成本优势和相对充足的土地资源，如果解决交通运输问题，"增长极"将部分生产链迁移到周围欠发达地区,既解决了"增长极"地区的生产要素约束问题,同时带动了周围欠发达地区的技术变革和产业升级。试验区毗邻大湾区,具有较好的区位优势、资源优势和政策优势,"东融"吸收大湾区城市群的先进理念,引进大湾区城市的先进技术,承接大湾区城市的产业转移,不仅有利于实现试验区的跨域发展,同时也有利于大湾区城市的产业转型升级,实现互利共赢。

第三节 如何实施"东融"战略?

关于如何实施"东融"战略相关研究较少,但是关于如何实现区域经济协调发展的理论研究和实证研究则是成果累累,对实施"东融"战略具有较大的启示意义。因此,本节主要总结了区域经济分工理论、区域经济合作理论以及部分区域经济协调发展的实证研究成果,并以此提出实施"东融"战略所需要注意的问题。

一 区域经济分工理论

区域经济分工理论最早起源于古典经济学中的国际分工与贸易理论,区域经济学家将其应用于解释区域分工,从而形成了区域分工理论,并在20世纪50年代得到进一步深化和发展。该理论解释了区域经济分工如何形成的同时也给出了如何进行区域经济分工的对策,对实施"东融"战略具有一定的借鉴意义。区域经济分工理论主要是对亚当·斯密的绝对优势理论和李嘉图的比较优势理论的扩展和延伸。绝对优势理论认为,任何区域都有其绝对有利的生产条件，因此应该按绝对有利的生产条件进行分工，然后进行交换，提升各区域的福利。比较优势理论则认为在生产要素不能在各区域之间完全自由流动的前提下，不可能按照绝对优势理论所说的条件进行分工，各区域应集中生产优势较大或劣势较小的产品，即按照比较优势进行分工。Hoover 和 Fisher（1949）提出的要素禀赋理论认为区域应该按照各个区域的自然资源、劳动力、资金等要素禀赋条件进行分工，即生产各个区域要素禀赋充沛的产品[①]。Posner（1961）引入具有时间效应的技术对要素禀赋论进行动态扩展形成技术差距论，认为工业化区域之间进行工业品交易，大多数是在技术差距基础上进行的，因此各区域应通过自行模仿或引进吸收等方式提升自身技术水平，生产同类产品以减少进口[②]。

二 区域经济合作理论

经济实践的发展和相关理论的创新使区域经济理论不断深化，产生了许多关于区域经济合作的新思想。这些思想既继承了以往理论的优点，又根据社会经济的变化增添了切合时代的新内容，为区域经济合作的发展提供了新思路。

（一）点轴开发理论

点轴开发理论是增长极理论的延伸，主要从区域经济发展不平衡规律出发，研究欠发达区域的发展问题。该理论十分重

---

① Hoover E. M., Fisher J. L., *Research in Regional Economic Growth*, National Bureau of Economic Research, Inc., 1949.
② Michael Vivian Posner, "International Trade and Technical Change", *Oxford Economic Papers*, Vol. 13, No. 3, 1961.

视"点"(增长极)和"轴"(交通干线)的作用,认为随着重要交通干线如铁路、公路、河流航线的建立,连接区域的人流和物流迅速增加,生产和运输成本降低,形成了有利的区位条件和投资环境。

(二)网络开发理论

网络开发理论是点轴开发理论的延伸。该理论认为,在经济发展到一定阶段后,一个地区形成了增长极(各类中心城镇)和增长轴(交通沿线),随着增长极和增长轴的影响范围不断扩大,可在较大的区域内形成商品、资金、技术、信息、劳动力等生产要素的流动网及交通、通信网。因此,可以通过网络的外延,加强与区外其他区域经济网络的联系,在更大的空间范围内,将更多的生产要素进行合理配置,促进经济全面发展。

(三)梯度转移理论

梯度转移理论源于 Vernon(1966)提出的工业生产的产品生命周期理论[①]。该理论的核心思想是,区域经济的发展取决于其产业结构的状况,而产业结构的状况又取决于地区经济部门,特别是其主导产业在工业生命周期中所处的阶段。当一个地区的工业产业处于创新和发展阶段,则称为高梯度地区;当处于成熟和衰退阶段,则称为低梯度地区;生产活动逐渐从高梯度地区向低梯度地区转移,其中创新是决定区域发展梯度层次的决定性因素。梯度转移理论本质上也是一种非平衡发展理论,认为经济发展水平和条件往往呈现出较强的梯度性,资源禀赋

---

① Raymond Vernon, "International Investment and International Trade in the Product Cycle", *International Executive*, Vol. 8, No. 4, 1966.

较好的地区较快地发展起来后,通过产业和要素向低梯度转移,带动条件差的地区发展,最终实现均衡发展。

三 区域经济合作路径的经验证据

学者们针对区域经济协调发展的现实问题,给出了百科全书式的对策建议,本节尝试总结了部分观点。

其一,引导产业转移,促进区域合理分工。产业结构和产业布局的一体化是区域经济发展中资源优化配置的实现形式,区域产业结构和布局是否合理,直接反映了资源配置的效率状况,并影响到区域经济协调发展的进程。由于我国东、中、西部三大区域经济发展存在较大差异,相应地也存在产业梯度,东、西部地区产业存在互补性,因此要实现区域经济协调发展,必须统筹规划东、西部的产业布局,正如胡乃武和张可云(2004)所建议的,东部地区应集中高新技术产业发展,而把传统产业转移给中、西部地区,并在转移过程中,帮助中、西部地区对传统产业进行技术升级改造[1]。胡俊超(2006)也表达了相似的观点,认为产业转移是我国区域经济协调发展的重要路径,而且产业转移需要从多梯度、多方位、跨越式和关联性角度综合考虑[2]。

其二,建设基础设施,降低合作成本。基础设施一体化是实现区域经济协调发展的关键条件和实施路径。市场形成、要

---

[1] 张可云、胡乃武:《中国重要的区域问题与统筹区域发展研究》,《首都经济贸易大学学报》2004年第2期。

[2] 胡俊超:《区域经济协调发展的路径依赖》,《特区经济》2006年第6期。

素流动、产业结构与产业布局都是以基础设施作为依托条件的，区域内基础设施完善的程度，直接影响到要素流动的规模与水平和市场一体化的发展过程。陆大道（1990、1995）提出了点轴渐进式扩散及点轴空间结构系统开发理论，表明要做好交通干线、能源输送线、水源和通信干线等轴线的开发，从而实现最佳产业布局①。覃成林（1996）指出区域经济空间相互作用的关键就在于要素资源的跨区域流动，要素的流动则取决于交通运输等因素所导致的区域空间的可达性，从而只有通过构建和完善跨区域的交通运输体系，以此加强区域间的沟通与合作，才能有助于促进区域间的经济协调发展，消除现有的区域经济发展差距②。李善同和冯杰（2002）认为我国的非平衡基础设施发展战略导致了区域间经济发展水平的差异，通过逆向的非平衡基础设施发展战略，重构区域经济的空间架构将是未来区域协调发展的重点战略③。但俞勇军和陆玉麒（2005）认为交通投资对交通条件改善的区域影响较为复杂，不同的范围有不同的影响，交通投资并不是越多越好，而是必须与生产投资保持适当比例④。

其三，消除制度和政策障碍，促进要素合理流动。制度构架与政策措施一体化是区域经济一体化的制度规范和法律

---

① 陆大道：《中国工业布局的理论与实践》，科学出版社1990年版。陆大道：《如何看待东西部之间经济实力的差距不断扩大》，《红旗文稿》1995年第17期。

② 覃成林：《论区际经济关系与区域经济协调发展》，《经济纵横》1996年第11期。

③ 李善同、冯杰：《我国交通基础设施建设与区域协调发展》，《铁道运输与经济》2002年第10期。

④ 俞勇军、陆玉麒：《交通投资与经济发展的关系及其区域效应评价方法研究》，《人文地理》2005年第1期。

保障，不同的制度构架与制度措施，不仅导致各经济主体经济发展结果的差异性，而且直接影响着经济一体化的进程。改革开放以来所实施的沿海地区优先发展战略和经济体制改革、对外开放的渐进式区域推进模式客观上造成了区域之间发展机会的不均等。因此，陆大道（1997）强调要建立公平的政策环境和价格体系引导区域协调发展[1]，刘夏明和魏英琪（2004）认为如果中国的每一个地区都能享受到相同程度的开放和自由化政策，如果生产要素在地区间流动的壁垒被消除，那么欠发达地区经济就会实现跨越发展[2]。徐现祥和李郇（2005）对长江三角洲经济一体化问题的研究证实了制度对区域经济协调发展的重要性，他们发现长江三角洲城市经济协调会的成立和运行，显著降低了区域市场分割对区域协调发展的阻碍作用[3]。

其四，实施有效的区域金融政策，助推欠发达地区的发展。魏后凯（1996）建议建立国家区域共同发展基金，用于国家经济开发区域以及单个贫困县的农田基本建设、公共设施建设、教育和就业岗位培训，以及企业投资补贴。胡乃武和彭俊明（2000）认为，西部地区的发展需要大量的资金投入，但中央的财力有限，因此有必要成立一个西部开发银行[4]。此外，他还建

---

[1] 陆大道：《地区合作与地区经济协调发展》，《地域研究与开发》1997年第1期。
[2] 刘夏明等：《收敛还是发散？——中国区域经济发展争论的文献综述》，《经济研究》2004年第7期。
[3] 徐现祥、李郇：《中国省区经济差距的内生制度根源》，《经济学》（季刊）2005年第S1期。
[4] 魏后凯：《促进地区经济协调发展的两个政策问题》，《经济学动态》1996年第8期。

议发行建设彩票和地方政府债券，成立风险投资基金以促进发展[①]。

除了上述观点外，还有学者从技术进步、人口流动等视角探讨了促进协调发展的对策。

四 实施"东融"战略需要注意的问题

根据上述分析，本节认为试验区"东融"过程中，除了重视基础设施建设、产业转移承接、制度政策保障外，还需注意以下三个方面的问题。

第一，谨防"落后的增长"陷阱。试验区相对于大湾区属于欠发达地区，具有相对丰富的自然资源、土地资源、劳动力资源，为引进大湾区的资金、技术与建设项目，承接大湾区产业转移提供了有力保障。试验区"东融"实质上是发达地区通过产业和要素的转移，带动欠发达地区发展，最终实现均衡发展的过程。但如果盲目引进发达地区的资金、技术与建设项目，同时又不考虑本地区的需要程度和消化能力，就可能会在不同程度上造成本地区对于先发地区经济与技术上的依赖，导致经济发展自主性以及技术创新势头的减弱，从而成为某种意义上的"依附性"地区，始终处于价值链的低端，陷入"落后的增长"，丧失对先进地区的赶超机会。

第二，明确政府调控与市场机制的作用空间。尽管国内外区域非均衡发展存在各种历史和现实的原因，但区域经济理论

---

① 胡乃武、彭俊明：《宏观金融非均衡条件下的资产调控》，《经济学家》2000年第8期。

认为单纯依靠市场机制无法实现在现有不平衡体系下的自发均衡，政府要在制定区域发展战略中发挥积极作用，特别是对非均衡的调节，然而许多发展中国家失败的案例同样提醒我们不要高估政府调控的作用。因此，在试验区"东融"进程中，要把握好政府调控和市场机制的作用空间。根据已有文献，政府调控应该主要包括通过区域发展战略规划的制定引导市场行为，依据经济发展需求，改革行政体制降低市场成本，在风险可控的前提下对自发的局部创新行为（包括商业模式和行政体制等）保持开放的政策环境。

第三，充分挖掘优势互补潜能。区域差异是区域合作的基础前提，"优势互补、错位发展"是试验区"东融"的重要原则。从产业结构来看，大湾区城市以发展先进制造业和现代服务业为主，试验区内以劳动密集型制造业为主，产业梯度存在融合互动的可能性。因此，对大湾区城市而言，可以将劳动密集型的制造业转移到劳动力更丰富、土地成本较为低廉的试验区，同时保留和支持发展潜在的、未来可能比较有优势的技术密集型和知识密集型制造业；对试验区而言，其资源禀赋以及产业基础完全可以承接来自大湾区劳动密集型和资源密集型产业的转移。可见，试验区"东融"，实现与大湾区城市的深度融合，应该积极挖掘优势互补领域，共创双赢。

第七章

粤桂合作特别试验区与粤港澳大湾区合作现状

第一节 与粤港澳大湾区城市的对外经济联系测算

在区域经济研究中，通常通过区域对外经济联系量、欧氏距离法测算区域之间的联系强度、竞争与合作关系。要实现试验区融入大湾区，有必要深入研究其与大湾区城市群之间的经济联系和地缘经济关系及其匹配。由于试验区没有进行单独的经济核算，香港和澳门的国民经济核算体系与内地的存在明显的差异，因此，本书主要测算了梧州市与广州、深圳、珠海、佛山、惠州、东莞、中山、江门、肇庆之间的经济联系度。

常用的经济联系度测算方法是引力模型，其具体形式如下：

$$R_{ij} = (P_i V_i \times P_j V_j) / D_{ij}^2 \qquad (7—1)$$

其中 R_{ij} 为区域 i 和 j 之间的经济联系度，P_i 为区域 i 的人口，

V_i 为区域 i 的产值，D_{ij} 为区域 i 和 j 之间的直线距离。式（7—1）是在产业结构与分工、交通方式、信息传输、资金和人力资源的吸引能力等要素相同的条件下构建的，但随着经济和信息一体化的程度不断提高，区域之间通过多种渠道建立联系，因此本书参照邓春玉（2009）的做法[①]，引入克鲁格曼指数（K_i）和信息化指数（II_i）对式（7—1）进行修正，得到下式：

$$R_{ij} = K_i \sqrt{II_i P_i V_i \times II_j P_j V_j} / D_{ij}^2 \quad (7—2)$$

式（7—2）中，P_i、P_j 分别为区域 i 和 j 的从业人员；V_i、V_j 为区域 i 和 j 的 GDP；D_{ij} 为两区域间的距离；K_i 为区域 i 的克鲁格曼指数；II_i 为区域 i 的信息化水平指数。其中，克鲁格曼指数计算公式为：

$$K_i = \sum_{k=1}^{n} |X_{ik} - X_{jk}| \quad (7—3)$$

式（7—3）中，K_i 衡量区域分工和专业化程度。K_i 越大，表明两区域之间的产业分工与专业化程度越高；X_{ik} 为 i 区域 k 产业增加值份额；X_{jk} 为 j 区域 k 产业增加值份额。信息化指数计算公式为：

$$II_i = \sum_{q=1}^{n} P_q W_q \quad (7—4)$$

式（7—4）中，P_q 为第 q 区域 k 产业的评价指标，W_q 为 P_q 的权重，n 为指标数，II_i 为城市 i 的信息化水平指数。

表7—1列举了梧州（肇庆）与广东9（8）市的克鲁格曼指数，K_i 越大，表明两城市之间的产业分工与专业化程度越高。

[①] 邓春玉：《城市群际空间经济联系与地缘经济关系匹配分析——以珠三角建设全国重要经济中心为例》，《城市发展研究》2009年第8期。

这里的克鲁格曼指数利用三产份额计算得到。根据表7—1的结果可知，区域分工随着时间的变化而有所变化。具体而言，例如，梧州在2007年与广州、深圳、东莞的区域分工比较理想，与肇庆、佛山、珠海的区域分工相对理想，与中山、惠州、江门的区域分工相似度较高；到2017年，则与广州、深圳、东莞的区域分工比较理想，与珠海、中山、江门的区域分工相对理想，与肇庆、佛山、惠州的区域分工相似度较高。肇庆在2007年与佛山、中山、惠州的区域分工比较理想，与深圳、东莞、江门的区域分工相对理想，与广州、珠海的区域分工相似度较高；到2017年与广州、深圳、东莞的区域分工比较理想，与珠海、中山、江门的区域分工相对理想，与佛山、惠州的区域分工相似度较高。

由此可见，梧州、肇庆在与大湾区城市在产业分工与专业化程度方面的演化逐步趋同，具体而言，到2017年，与梧州、肇庆区域分工比较理想的城市均为广州和深圳，佛山和惠州则是从相对理想的分工转变为分工相似度较高。另外，梧州与肇庆的产业分工与专业化程度从2007年的分工相对理想转变为2017年分工比较相似。

表7—1　　　　梧州与大湾区城市的克鲁格曼指数（K_i）

	梧州				肇庆			
	2007年		2017年		2007年		2017年	
	指数	排名	指数	排名	指数	排名	指数	排名
梧州	—	—	—	—	—	—	—	—
深圳	0.403	2	0.360	2	0.469	4	0.362	2
广州	0.574	1	0.609	1	0.429	7	0.611	1

续表

	梧州				肇庆			
	2007年		2017年		2007年		2017年	
	指数	排名	指数	排名	指数	排名	指数	排名
佛山	0.328	5	0.028	8	0.614	1	0.128	7
东莞	0.366	3	0.218	3	0.464	5	0.220	3
惠州	0.232	8	0.020	9	0.501	3	0.119	8
中山	0.312	7	0.152	5	0.539	2	0.154	5
珠海	0.315	6	0.192	4	0.426	8	0.193	4
江门	0.206	9	0.138	6	0.434	6	0.129	6
肇庆	0.355	4	0.099	7	—	—	—	—

资料来源：作者计算。

表7—2列举了梧州与广东9市的信息化指数。这里的信息化指数利用固定电话、移动电话、国际互联网用户数量三个指标进行计算，这三个指标与人力、经济要素流动密切相关，根据使用频率，权重分别设为0.2、0.4、0.4。10个城市的信息化程度分为高中低三个层次，就2007年，高信息化城市为广州、深圳、东莞，中等信息化城市为佛山、江门、惠州，低信息化城市为中山、肇庆、珠海和梧州；2017年，高信息化城市为广州、深圳、东莞，中等信息化城市为佛山、肇庆、惠州，低信息化城市为江门、中山、珠海和梧州。总体而言，各市的信息化程度比较稳定，10年间梧州的信息化程度始终处于较低发展水平，而肇庆则是从低信息化城市发展为中等信息化城市。

表7—2　　　　　　梧州与大湾区城市的信息化指数

	2007 年		2017 年	
	指数	排名	指数	排名
梧州	0.049	10	0.069	10
深圳	0.909	2	0.894	2
广州	0.986	1	0.981	1
佛山	0.407	4	0.432	4
东莞	0.615	3	0.455	3
惠州	0.341	6	0.247	6
中山	0.244	7	0.240	8
珠海	0.130	9	0.136	9
江门	0.432	5	0.239	7
肇庆	0.139	8	0.328	5

资料来源：作者计算。

表7—3　　　　　梧州（肇庆）与大湾区城市经济联系量

单位：亿元·万人/平方公里

	梧州				肇庆			
	2007 年		2017 年		2007 年		2017 年	
	联系量	等级	联系量	等级	联系量	等级	联系量	等级
梧州	—	—	—	—	—	—	—	—
深圳	0.245	较弱	1.001	较强	1.218	较强	11.063	很强
广州	1.508	较强	5.300	很强	10.107	很强	90.314	很强
佛山	0.300	较弱	0.083	很弱	6.443	很强	8.543	很强
东莞	0.155	较弱	0.243	较弱	0.722	有一定联系	3.930	很强
惠州	0.039	很弱	0.008	很弱	0.255	较弱	0.277	较弱
中山	0.055	很弱	0.085	很弱	0.445	较弱	1.098	较强
珠海	0.022	很弱	0.047	很弱	0.151	较弱	0.420	较弱
江门	0.099	很弱	0.100	较弱	1.500	较强	1.182	较强
肇庆	0.176	较弱	0.192	较弱	—	—	—	—

资料来源：作者计算。

表7—3列举了根据修正的引力模型测算的梧州、肇庆与大湾区城市之间的经济联系量。根据测算结果，按得分大小将对外经济联系强度分为五个等级：（1）很强，联系量＞3亿元·万人/平方公里；（2）较强，联系量为1亿—3亿元·万人/平方公里；（3）有一定联系，联系量为0.5亿—1亿元·万人/平方公里；（4）较弱，联系量为0.1亿—0.5亿元·万人/平方公里；（5）很弱，联系量＜0.1亿元·万人/平方公里。因此，梧州、肇庆与大湾区城市群的经济联系度如下：（1）2007年，梧州与广州经济联系较强，与深圳、佛山、东莞、肇庆经济联系较弱，与惠州、中山、珠海、江门经济联系很弱；肇庆与广州、佛山经济联系很强，与深圳、江门经济联系较强，与东莞有一定经济联系，与惠州、中山、珠海经济联系较弱；（2）2017年，梧州与广州经济联系很强，与深圳经济联系较强，与东莞、江门、肇庆经济联系较弱，与佛山、惠州、中山、珠海经济联系很弱；肇庆与广州、佛山、深圳、东莞经济联系很强，与中山、江门经济联系较强，与惠州、珠海经济联系较弱。

总体而言，2007—2017年，梧州与大湾区城市的经济联系相对较弱，仅与广州、深圳的经济联系度逐渐加强；肇庆与其他大湾区城市的经济联系度逐年增强；梧州与部分大湾区城市的经济联系反而呈现递减趋势，如佛山、惠州等；梧州与肇庆在空间上相邻，但二者经济联系度不强。

第二节 与粤港澳大湾区城市的地缘经济关系测算

所谓地缘经济关系,是指不同地区在经济、地理、政治、文化等方面的相互联系及其对该区域经济发展的影响。按照影响方向的不同,地缘经济关系可分为竞争型和互补型两类。竞争型地缘经济关系是由于区域间在经济结构、资源状况和自然地理条件方面的相似,使不同区域在经济发展中对资金、技术、人才、资源和市场产生相同的渴求与竞争。互补型地缘经济关系则是由于区域间在经济结构、资源状况和自然地理条件方面的差异,使不同区域在经济发展中可以互通有无、相互促进、共同发展。对地缘经济关系的判别源自对不同区域相似性或差异性的测度,一般采用多元统计分析中的欧氏距离法(Euclidean Distance),具体操作步骤如下。

(一)选取评价指标

资金、原材料、劳动力、消费品等一般是从生产效率低的地区流向生产效率高的地区,从相对丰富的地区流向相对稀缺的地区。本书选用8个综合性指标反映资源与产品的流动性。其中包括,X = 某地区固定资产投资总额/该地区当年国内生产总值,Y = 某地区职工工资总额/该地区当年国内生产总值,Z = 某地区当年实际利用外资总额/该地区当年国内生产总值,U = 某地区年末金融机构存款余额/该地区当年国内生产总值,V = 某地区年末金融机构贷款余额/该地区当年国内生产总值,W = 某地区信息化用户总数/城镇人口,S = 某地区第二产业从业人员总额/城镇人口，T = 某地区公路货运总量/该地区货运总量。

（二）无量纲化处理

选中指标（X，Y，Z，U，V，W，S，T）经无量纲处理得到 X'，Y'，Z'，U'，V'，W'，S'，T'，计算公式为：

$$X' = \frac{X - \bar{X}}{S_X} \tag{7—5}$$

其中 $\bar{X}$ 为 X 的平均值；S_X 为 X 的标准差，其他数据采取相同的处理分方式。

（三）计算欧氏距离

设 X'_0、Y'_0、Z'_0、U'_0、V'_0、W'_0、S'_0、T'_0 为梧州市去量纲后的指标值，X'_i、Y'_i、Z'_i、U'_i、V'_i、W'_i、S'_i、T'_i 为广东 9 市去量纲后的指标值，则梧州市与城市 i 的实际距离计算公式为：

$$D_i = \sqrt{\begin{array}{l}(X'_0 - X'_i)^2 + (Y'_0 - Y'_i)^2 + (Z'_0 - Z'_i)^2 + (U'_0 - U'_i)^2 + (V'_0 - V'_i)^2 \\ + (W'_0 - W'_i)^2 + (S'_0 - S'_i)^2 + (T'_0 - T'_i)^2\end{array}}$$

$$\tag{7—6}$$

（四）标准化处理

为便于结果识别，对欧氏距离值进行标准化处理，计算公式为：

$$D'_i = \frac{D_i - \bar{D_i}}{S_{D_i}} \tag{7—7}$$

其中 $\bar{D_i}$ 为 D_i 的平均值，S_{D_i} 为 D_i 的标准差。若 D'_i 为正说明两地区之间有互补关系，正值越大互补性越强；若 D'_i 为负值则说明两城市之间有竞争关系，负值的绝对值越大说明竞争性越强。

根据测算结果将区域间地缘经济关系分为五个等级：(1) 互补很强，大于 1.0；(2) 互补较强，0—1.0；(3) 有一定竞争，-0.5—0；(4) 竞争较强，-1.0—-0.5；(5) 竞争很强，小于 -1.0。由表 7-4 可知，2007 年梧州与深圳、广州具有很强的互补性，与东莞、珠海具有较强的互补性，与惠州存在一定竞争性，与佛山、肇庆具有较强的竞争性，与中山、江门具有很强的竞争性；肇庆与深圳、广州具有很强的互补性，与东莞、珠海具有较强的互补性，与佛山存在一定竞争性，与中山、江门具有较强的竞争性，与惠州具有很强的竞争性。2017 年梧州与珠海具有很强的互补性，与深圳、东莞、江门具有较强的互补性，与惠州、广州、中山存在一定竞争性，与佛山、肇庆具有很强的竞争性；肇庆与珠海具有很强的互补性，与佛山、东莞、惠州具有较强的互补性，与深圳存在一定竞争性，与中山具有较强的竞争性，与广州、江门具有很强的竞争性。

总体而言，2007—2017 年，梧州、肇庆与大湾区城市地缘关系具有较大差异。就梧州而言，与珠海、深圳保持了较强的互补性，且与珠海的互补性逐年增强；与广州从 2007 年的互补性转变为 2017 年的竞争性；与江门从 2007 年的强竞争转变为较强的互补性；与佛山、肇庆的竞争性增强，而与惠州的竞争性减弱。就肇庆而言，与深圳、广州从 2007 年的互补性转变为 2017 年的竞争性，其中广州由强互补转为强竞争；与佛山、惠州从 2007 年的竞争性转变为 2017 年的互补性；与东莞、珠海保持了互补性，但与珠海的互补性大幅增强；与江门保持了较强的竞争性。

表7—4　　　　梧州（肇庆）与大湾区城市地缘经济关系测算

	梧州				肇庆			
	2007年		2017年		2007年		2017年	
	水平值	排序	水平值	排序	水平值	排序	水平值	排序
梧州	—	—	—	—	—	—	—	—
深圳	1.357	1	0.781	2	1.441	1	-0.106	5
广州	1.189	2	-0.387	7	1.322	2	-1.053	7
佛山	-0.829	7	-1.251	8	-0.415	5	0.590	3
东莞	0.845	3	0.407	3	0.482	3	0.012	4
惠州	-0.487	5	-0.003	5	-1.181	8	0.795	2
中山	-1.061	8	-0.281	6	-0.734	6	-0.591	6
珠海	0.664	4	1.907	1	0.001	4	1.675	1
江门	-1.096	9	0.157	4	-0.915	7	-1.321	8
肇庆	-0.581	6	-1.330	9	—	—	—	—

资料来源：作者计算。

第三节　梧州、肇庆对外经济联系量与地缘经济关系的匹配

2017年的数据描述了梧州、肇庆与广东9（8）市经济联系量与地缘经济关系的最新特征，因此，本书主要讨论了2017年梧州、肇庆与广东9（8）市经济联系量与地缘经济关系的匹配度，具体如表7—5、表7—6所示。由表7—5可知：（1）在联系很强的城市中，梧州与深圳有较强的互补性，与广州存在一定竞争性。因此，需要进一步加强梧州与深圳的联系，在已有的合作基础上多方位拓展合作空间，充分发挥深圳作为中心城市的经济辐射带动作用；而梧州与广州存在很强的经济联系但存在一定的竞争性，表明梧州与其存在一定的合作空间，需要积极挖掘。（2）在联系

较弱的城市中,梧州与东莞、江门存在较强的互补性,与肇庆存在很强的竞争性。(3)在联系很弱的城市中,与珠海有很强的互补性,与惠州中山存在一定竞争性,与佛山存在很强的竞争性。总体而言,梧州与大湾区城市之间经济联系较弱、竞争较强、经济联系与地缘经济关系匹配不理想。

需要指出的是,尽管梧州与珠海、东莞、江门等城市存在较弱的经济联系,但随着交通基础设施的逐步完善,以及梧州本身经济实力的增强,将会使梧州与这些城市之间存在巨大的合作潜力,必须要以前瞻性的眼光寻求城市之间合作。另外,梧州与惠州、肇庆经济联系较弱,且存在很强的竞争性,因此,有必要找准梧州自身发展定位,发挥自身资源禀赋优势,扬长避短、有所为有所不为地开展竞争与合作,以实现错位竞争、优势互补、多方共赢。

表7—5　　梧州与大湾区城市经济联系量与地缘经济关系的匹配

经济联系量 \ 地缘经济关系	互补很强（>1.0）	互补较强（0—1.0）	有一定竞争（-0.5—0）	竞争较强（-1.0— -0.5）	竞争很强（< -1.0）
很强（>3）	—	深圳	广州	—	—
较强（1—3）	—	—	—	—	—
有一定联系（0.5—1.0）	—	—	—	—	—
较弱（0.1—0.5）	—	东莞、江门	—	—	肇庆
很弱（<0.1）	珠海	—	惠州、中山	—	佛山

资料来源:作者计算。

由表7—6可知:(1)在联系很强的城市中,肇庆与佛山、东莞有较强的互补性,与深圳存在一定竞争性,与广州存在很强的竞争性;(2) 在联系较强的城市中,肇庆与中山存在较强的竞争性,与江门存在很强的竞争性;(3) 在联系较弱的城市中,与珠海有很强的互补性,与惠州存在较强的互补性。因此,就佛山、东莞等强联系、强互补城市而言,肇庆需要进一步加强与其的联系;就深圳等强联系、弱竞争城市而言,肇庆与其存在一定的合作空间,需要加强合作;就广州、中山等强联系、强竞争城市而言,需要推进肇庆与其的错位竞争,实现协同发展;就珠海、惠州等弱联系、强互补城市而言,应加强肇庆基础设施建设,加深与这些城市的互通互联,密切关注城市之间的产业合作。总体而言,相比梧州,肇庆与大湾区城市之间经济联系较强、经济联系与地缘经济关系匹配相对理想。

表7—6　肇庆与大湾区城市经济联系量与地缘经济关系的匹配

经济联系量\地缘经济关系	互补很强 (>1.0)	互补较强 (0—1.0)	有一定竞争 (-0.5—0)	竞争较强 (-1.0—-0.5)	竞争很强 (<-1.0)
很强(>3)	—	佛山、东莞	深圳	—	广州
较强(1—3)	—	—	—	中山	江门
有一定联系(0.5—1.0)	—	—	—	—	—
较弱(0.1—0.5)	珠海	惠州	—	—	—
很弱(<0.1)	—	—	—	—	—

资料来源:作者计算。

第四节　粤桂合作特别试验区与粤港澳大湾区的合作成绩

一　创新合作模式

"东融"并不是现在才提出来的,广西在发展过程中一直强调寻求与泛珠三角、CEPA 等展开合作，梧州作为粤港澳的紧密邻居，更是重点着力推进面向粤港澳的对外开放。自 2011 年以来，梧州先后与广州、佛山、肇庆等城市签署战略合作框架协议，每年定期召开市长联席会议，共商粤桂合作项目和事项，连续成功举办了十届西江经济发展论坛，为珠江—西江流域沿线城市深化交流、探讨合作搭建了重要平台，共商定广佛肇梧一体化建设重点等合作项目和事项 220 项，总投资 2467 亿元。

2014 年 10 月，试验区启动建设以来更是积极探索与大湾区的开放合作模式，通过"经停挂靠"模式与珠三角南沙自贸区、广州港建立"区区合作、港港联运"关系，直接拥有 150 多条国际航线；通过"前店后厂"模式与横琴自贸区建立总部和生产基地关系、通过"前台后台"模式建设试验区前台为企业接单以及广东金融股权交易中心后台为企业服务的关系。2017 年 6 月，试验区被列入广西首批 CEPA 先行先试示范基地，试验区以此依托两广优惠政策叠加优势，重点发展金融、物流、电子信息、节能环保、新材料等新兴产业，打造粤桂港澳区域合作示范平台。

目前，试验区与香港电子业商会携手合作打造电子科技创新产业园，项目投资总额为 30 亿元，主要建设科技创新基地，重点引入电子信息、智能制造、节能环保、3D 打印、创新科技农业等企业，预计项目达产后产值达 100 亿元，年纳税 10 亿元，可吸纳约 2000 人就业。此外，试验区与港澳企业签订了智慧家电孵化园、跨境易电商合作、中电（粤桂）、三木医疗器械生产、港澳商贸园等项目框架协议或投资建设合同，与"珠三角"协同打造了平台经济、全产业链经济和总部经济。

二 体制改革

首先,试验区按照"一体化、同城化、特区化"的机制模式,由两地统一规划、合作共建,以市场化运作形成发展合力。在政策方面,试验区采取"东部的区位,西部的政策",除了两广叠加的优惠政策外,还享受西部大开发、中西部地区承接产业转移、广东的《珠三角发展规划》振兴粤西北战略、"先行先试""双转移"以及广西的《北部湾经济区发展规划》、东盟开放、桂东承接产业转移示范区、"老少边穷"等政策资源的叠加。同时在财税、金融、投资等方面利益共享,整合优化现有海关特殊监管区域,支持试验区申报设立综合保税区。由广东、广西两省(区)政府签署的《粤桂合作特别试验区建设实施方案》明确给出了试验区可以享受的 23 条优惠政策,包括土地政策 6 条、财税政策 5 条、金融政策 7 条、开放合作政策 2 条和生态环保政策 3 条。

其次,试验区重视金融改革,积极建设两广金融改革创新综合试验区,探索东部资金入桂通道,促进两省(区)金融资源的融合发展。先后引进深通村镇银行、梧州金洲小额贷款有限公司等金融类企业和中金融创、广西合亿资本等投资类企业 20 多家,设立产业投资基金、基础设施基金、专项建设基金等,规模达 130 多亿元。同时探索股权交易中心、PPP 项目融资等多渠道的投融资方式,创新市场化开发模式,拓宽投融资渠道,为试验区提供资金保障。

最后,试验区建立特殊管理一级财政,推进试验区在人民银行设立国库,试验区年度预、决算方案分别在梧州市本级单列。《粤桂合作特别试验区（梧州）财政管理体制（试行）》，明确试验区可建立一级国库，试验区的收入和支出全部纳入试验区财政预算管理。2018年5月29日，国家金库粤桂合作特别试验区梧州支库正式启动运行，此项改革大大提高了资金的使用效益。

试验区认真贯彻落实体制机制改革，打造"政策洼地，服务高地"，营造招商引资有利环境，为承接大湾区城市产业转移创造了良好的基础，并且已吸引一批大湾区企业入驻，仅2017年，港澳台资企业雅士电业、梦想创意、久丰电竞、达运科研等7个企业（项目）入驻试验区并完成当地公司的注册。2018年，试验区参加梧州市在东莞市举行的"融入大湾区，共创新辉煌——2018广西梧州（东莞）投资合作推介会"，增进了与意向落户项目业主的交流，进一步促进了项目落地。同年，香港百田石油国际集团执行董事、澳门澳亚卫视有限公司副总裁郐伟率粤港澳企业家考察团，到试验区考察投资环境，寻求合作空间。

三 基础设施建设

为了进一步提升对试验区发展的支撑，试验区不断加大工作力度，创新工作方式，采取多种措施，加快推进基础设施项目建设，承载能力进一步增强。一是全面加快推进省际联通基础设施建设。广佛肇梧高速公路环城连线、李家庄码头与柳肇（广）铁路连线、西江干流3000吨级航道（改造）、粤桂大桥、滨江大道、塘源一路（肇庆段）等正在加快建设。梧州至广州、佛山、肇庆、云浮等市实现高铁"公交化"，每天前往大湾区方向的高铁多达70对，水上穿梭巴士一天可发货到广州10多船。梧州构建的公、铁、水、空现代立体交通新格局（见表7—7），大大缩短了与大湾区城市之间的空间距离，为与珠海、东莞、江门等城市的合作打下了坚实的基础。

表7—7　　　　　　　　　试验区的交通一览

	高速公路	铁路	航空	水运
已建成线路	岑梧高速 南梧高速 桂梧高速 广梧高速 梧贵高速 梧马高速	洛阳—湛江 武昌—湛江 上海南—湛江 梧州—南宁 贺州—南宁 南广高铁	梧州—北海 梧州—深圳 梧州—珠海 梧州—桂林	西江二级航道 长洲水利枢纽 藤县深水港码头 蒙江码头 集装箱码头
建设及规划中的线路	广佛肇高速 大浦高速			

资料来源：朱良华和林莉（2017）[1]。

二是试验区内基础设施不断完善。四大片区征地面积达4万多亩，平整场地2.2万多亩。试验区内污水管网、雨水管网、供水管网、电网，以及学校、市场、棚户区改造等配套设施加快完善，为试验区发展提供了基础条件。公共服务中心完成主体工程，正在加快内部装修；南山公园建成使用；塘源污水处理厂、第二污水处理厂二期扩建、江南和江北给排水及污水管

---

[1] 朱良华、林莉：《粤桂合作特别试验区纳入广东自贸区问题研究》，《梧州学院学报》2017年第1期。

网工程等开工建设；粤桂人民医院、旺步小学、旺步幼儿园、农贸市场及棚户区改造工程等生活配套设施陆续建设或启动前期工作。

点—轴系统理论表明由交通干线、通信干线、能源输送线和水源干线连接起来的基础设施"轴"将通过空间可达性和位置极差等渠道，对附近区域产生很强的经济吸引力和凝聚力。试验区加快推进基础设施建设，进一步优化投资环境，将大力推进试验区与大湾区城市的互通互联，加强与大湾区城市之间产品、信息、技术、人员和金融等方面的联系合作，有助于更好地发挥香港、澳门、广州、深圳等中心城市的辐射带动作用，为试验区"东融"打下坚实的基础。

第八章

实施"东融"战略的重大意义与基本原则

第一节　粤桂合作特别试验区实施"东融"战略的重大意义

2014年4月，广东、广西两省（区）政府公布实施《粤桂合作特别试验区发展总体规划（2013—2030年）》。作为两广合作、珠江—西江经济带建设的核心内容和主要载体，试验区以"试验"探路先行先试，为国家区域协调发展探索和积累可复制可推广的经验，初步实现了"三年打基础"的阶段性目标，为进一步发展积累了宝贵经验。随着中国特色社会主义进入新时代，《粤港澳大湾区发展规划纲要》《中共中央 国务院 关于建立更加有效的区域协调发展新机制的意见》等一系列国家战略的发布，试验区迎来新的重大发展机遇。2018年4月，中共广西壮族自治区委员会书记鹿心社在自治区党委十一届四次全会第二次全体会议上提出的"南向、北联、东融、西合"工作要求，为试验区进一步发展指明方向——毫不动摇实施"东融"

战略。本书认为实施"东融"战略是试验区发展新阶段的内在要求,是大湾区及泛珠三角战略腹地建设的有力支撑,是广西全面对接大湾区、深度融入珠三角的重要抓手,是建设更高质量珠江—西江经济带的强大引擎,是建立更加有效的区域协调发展新机制的实践要求。

一 "东融"战略是粤桂合作特别试验区发展新阶段的内在要求

试验区建设工作启动以来,坚持改革创新,边探索边实践,夯实基础基本,试验区产业链条进一步延伸拓展,投资"洼地"效应初步显现。处于发展新阶段的试验区,正全力推动"粤桂方案"向"试验田"转变,"打基础"向"上规模"转变,"行政主导"向"市场化、法治化、国际化"转变的"三个转变"。但是,在国际环境发生深刻变化,国内改革进入攻坚期的经济新常态背景下,试验区发展要取得新突破仍面临两省(区)共建力度不平衡、高端专业人才资源匮乏、产业对接机制不健全、投融资支持体系运作力度不够等现实问题。《粤港澳大湾区发展规划》的发布为试验区发展取得突破带来重大历史机遇。

大湾区包括香港特别行政区、澳门特别行政区和珠三角九市,城市群区位优势明显,交通条件便利,合作基础良好,国际化水平领先,是我国开放程度最高、经济活力最强的区域之一。香港作为国际金融、航运、贸易中心和国际航空枢纽,拥有高度国际化、法治化的营商环境以及遍布全球的商业网络,是全球最自由经济体之一。澳门作为世界旅游休闲中心和中国与葡语国家商贸合作服务平台的作用不断强化,多元文化交流的功能日益彰显。珠三角九市是内地外向度最高的经济区域和对外开放的重要窗口，在全国加快构建开放型经济新体制中具有重要地位和作用。同时，大湾区具有完备的产业体系、先进的商业理念、广阔的市场、全球顶尖人才，各类创新资源要素在此集聚。试验区积极"东融"，主动承接大湾区转移产业，引进大湾区先进技术和高端人才，学习大湾区先进经验和理念，紧紧抓住试验区发展的政策机遇，对标大湾区改革开放的先进经验，才能不断深化改革，加快体制创新、产业升级、结构调整。因此，"东融"战略是突破试验区发展新阶段所面临的问题和困难的重要途径和内在要求。

二 "东融"战略是粤港澳大湾区及泛珠三角战略腹地建设的有力支撑

《粤港澳大湾区发展规划纲要》中提到"以珠江—西江经济带为腹地""有序发展'飞地经济'，促进泛珠三角区域要素流动和产业转移，形成梯度发展、分工合理、优势互补的产业协作体系。""依托高速铁路、干线铁路和高速公路等交通通道……加强大湾区对西南地区的辐射带动作用。"空间经济理论表明中心城市与腹地城市存在着密切的经济联系，腹地城市为中心城市提供支持性的资源，如土地、能源、劳动力、原材料和初级产品等，也为中心城市提供了广阔的市场空间，而中心城市则向腹地城市提供技术、服务和高级产品等，中心城市与腹地城市之间有着显著的商品、技术、资金、信息和劳动力等方面的相互支撑关系。腹地和中心城市构成一个完整的整体，尽管"腹地"相对于中心地区而言，有不够发达的含义，但也有承托中心地区发展的作用，是中心地区乃至整个区域发展的支撑和后盾，而且腹地的发展也不仅仅是其自身的问题，腹地的停滞不前或衰落都将严重削弱中心地区的发展，甚至成为整个区域发展的障碍。

大湾区建设世界级湾区以及泛珠三角城市群长期高质量发展离不开珠江—西江经济带战略腹地的有力支撑。作为珠江—西江经济带建设的重要载体，试验区创建以来，积极招商引资，狠抓制度建设，已成为珠江—西江经济带发展的新动力。试验区积极"东融"，加快与大湾区城市群之间的物资、人才、金融、信息等要素建立交流、传导与辐射的纽带联系，既能缓解大湾区中心城市面临的土地存量不足，用工成本上涨，低技术密度产业挤占资源和产业升级空间等问题，同时又能进一步促进西江—珠江经济带腹地的建设，成为引领经济带开放发展和辐射带动西南中南地区的战略高地。

三 粤桂合作特别试验区"东融"是广西全面对接大湾区、深度融入珠三角的重要抓手

"东融"从理论上讲就是要主动融入发达经济体推动欠发达区域发展，"融入"发达经济体具有丰富的内涵，包括文化融合、政策融合、产业融合、区域融合等。通常认为要实现全面深度融合，需要从产业融合入手，比如，梧州"东融"的战略定位就是要成为大湾区现代制造业配套基地、绿色有机食品供应基地和休闲旅游度假康养基地，目标是通过产业互联互融打开梧州乃至广西全面对接大湾区、深度融入珠三角的局面。有了产业融合这个基础，区域融合就是一个水到渠成的过程。因

此，在一定意义上，区域融合是衡量"东融"战略成功与否的重要标志。试验区实施"东融"战略具有天然的优势，且已具备实施"东融"战略的扎实基础。

首先，试验区地处广东省肇庆市和广西壮族自治区梧州市交界处，面积140平方公里，广东、广西各70平方公里，在区域融合上具有独到的优势。其次，试验区位于广西东大门——梧州，是西部省份中最靠近大湾区的城市，与粤港澳山水相连、文化同源、语言相通，是岭南文化和珠江文化的重要发祥地，在文化融合上同样具有独到的优势。再次，试验区自成立以来，按照"政策叠加、择优选用、创新突破、先行先试"的原则，推进土地改革、财政改革、金融改革、人事改革、行政改革，在政策融合上已取得累累硕果。最后，试验区正式投建以来主动对接大湾区产业转移，发挥本地的资源、政策和劳动力优势，产业集聚效应初显，截至2018年年底，入园重点企业达到377家，产业融合规模初具。因此，作为梧州乃至广西对外开放的"桥头堡"，试验区坚定不移地实施"东融"战略，将进一步深化两广的文化、政策、产业和区域融合，成为广西全面对接大湾区、深度融入珠三角的重要抓手。

四 "东融"战略是建设更高质量珠江—西江经济带的强大引擎

2014年7月，国务院批复《珠江—西江经济带发展规划》，珠江—西江经济带建设正式上升为国家战略，规划中明确指出，"加快珠江—西江经济带开放发展，事关国家改革开放和区域协调发展大局"，要求相关地区要"抓住机遇、开拓创新、加强合作、狠抓落实，推动珠江—西江经济带科学发展，为全面建设小康社会、实现中华民族伟大复兴的中国梦做出贡献"。试验区正是狠抓落实珠江—西江经济带发展规划的具体体现。作为珠江—西江经济带建设的核心内容和主要载体，试验区实际投建的四年多以来，认真学习和贯彻习近平系列治国理政新理念新思想新战略，在经济发展、设施建设、机制创新等方面都取得了不俗的成绩，迅速成为珠江—西江经济带经济发展的新动力。

试验区积极"东融"，进一步主动融入对接珠三角、粤港澳大湾区发展，进而与长三角、京津冀等沿海发达地区加强合作，主动承接产业转移，着力引进资金、技术、人才等，以此借智借脑、借势借力加快发展。试验区通过积极纳入大湾区发展相关规划，与自贸区建立"区区合作"关系，探索"园中园"建设模式，完善发展"飞地经济"等一系列举措，以保持试验区主要经济指标两位数高位增长，大力促进东西互动、优势互补，助力试验区转型升级，更好地发挥辐射和带动效应，实现广西经济提质增效升级，为建设更高质量珠江—西江经济带提供持续的动力。

五 粤桂合作特别试验区"东融"是建立更加有效的区域协调发展新机制的实践要求

改革开放以来，我国区域经济发展战略经历了以"经济特区"为体制改革突破口的点状发展，以"西部大开发"为区域统筹战略的板块发展，以培育区域增长极为重点的国家级新区，以及以全面建成小康社会为目标的区域合作协同发展四个阶段，成为我国经济增长的主要基础和支撑。继党的十八大报告明确提出"要继续实施区域发展总体战略,充分发挥各地区比较优势,促进城乡协调互动发展"后,2018年11月18日,中共中央、国务院发布《关于建立更加有效的区域协调发展新机制的意见》,要求建立更加有效的区域协调发展新机制,适应中国特色社会主义新时代实施区域协调发展战略的新要求。

作为中国唯一横跨东西部两大区域的跨省流域的经济合作试验区,试验区建立至今勇于跳出过去以省为单位的区域战略格局,强调内外联动,成为创新区域经济合作模式的先行典范。试验区建立的本身就是紧紧围绕国家区域协调发展战略,是区域协调发展模式和机制的重大创新和实践。大湾区发展建设的新机遇下,试验区坚定不移地实施"东融"战略,将进一步深化全面开放合作新格局,缩小东西部发展不平衡,加快建成"一带一路"有机衔接的重要门户,并以此形成对内对外区域协调发展新格局。因此,试验区发展新阶段实施"东融"战略,紧扣社会主要矛盾中的"不平衡不充分"的发展问题,是促进更高水平和更高质量的区域协调发展,探索建立更加有效的区域协调发展新机制的重要实践。

第二节 粤桂合作特别试验区实施"东融"战略的基本原则

一 坚持解放思想,推动改革创新

历史实践表明,没有不间断的解放思想,就不会有改革开放的累累硕果。无论是全面深化改革、适应经济新常态,还是贯彻新发展理念,都需要进一步解放思想,用创新的思维和办法应对、解决前进路上的新情况、新问题。试验区作为中国经济进入新常态背景下提出实施供给侧结构性改革的新形势下探索区域协调发展的重要实践，自建设以来，坚持解放思想，勇于打破行政区域的制约和利益的樊篱，建立改革创新中的探索试错容错纠错机制，最大限度地宽容改革失误，保护改革探索积极性，营造支持改革、参与创新、包容失误的良好氛围，有效推进生产要素配置改革，形成独特的"粤桂方案"。

推进"东融"战略是中国特色社会主义新时代背景下试验区的重要战略布局，要取得阶段性成果，必须要坚持解放思想，以超前的意识和改革开放的思维抢抓机遇，努力拓展与大湾区合作的广度和深度。具体而言，试验区在实施"东融"战略时，要始终把自主发展放在全国、全球大背景下思考和谋划，紧紧围绕融入国家战略的目标来推进，牢牢抓住大湾区建设的重大历史机遇，始终坚持解放思想，坚定"东融"决心，对标大湾区改革开放的先进经验，以艰苦奋斗的创业精神、顽强拼搏的工作作风、"敢为天下先"的勇气，突破传统的束缚，不断深化改革，加快体制创新、产业升级、结构调整，以积极推动试验区各项工作取得新突破和新进展。

二 坚持优势互补，协同互促发展

比较优势理论认为欠发达地区主要优势在于劳动力、土地等要素成本低，劣势在于资本匮乏、技术水平低，只要善于利用和充分发挥这些优势因素，同时积极克服制约因素，将劣势变为欠发达地区的后发潜在优势，就能够实现欠发达地区对发达地区的赶超。大湾区是全国经济最发达、要素流动最自由、最开放的地区，内部产业体系完备，既有强大的制造业产业链、也有全球领先的互联网新经济，同时还具备完善的金融、服务体系，试验区要积极融入大湾区建设，学习先进理念、对接产业转移、吸引高端人才，"强龙头、补链条、聚集群"。同时，试验区本身的优势（包括比较优势和绝对优势）是融入大湾区建设的基础，试验区要凸显自身土地、劳动力、制度等优势，让大湾区城市意识和感受到试验区是实现它们更好、更快、更高质量发展不可或缺的一部分。试验区应双管齐下"东融"，找准定位，瞄准区域协调发展战略的目标要求，充分利用试验区本身和大湾区城市的比较优势，促进土地、技术、管理等资源优势互补和优化配置，共同参与基础建设和运营管理，建立合理的成本分担和利益共享机制，构建与大湾区配套融合的现代工业体系，增强区域发展的协同性、联动性、整体性，促进合作各方良性互动、互利共赢。

三 坚持顶层设计，凸显园区特色

试验区是探索省际合作机制的一大创举，由于没有先例可循，在建设之初就非常重视顶层设计，积极探索推进。从2012年出台的《粤桂合作特别试验区的指导意见》到2014年出台的《粤桂合作特别试验区开发建设两市政府合作协议》等四份支撑文件，已对试验区的目标定位、指导思想、管理体制、合作机制和运营模式都做了较为成熟的顶层设计，为试验区运转打下了良好的制度基础。目前，试验区已初步形成了"两省（区）领导、市为主体、独立运营""统一规划、合作共建、利益共享、责任共担""东西部及两广政策叠加、择优选用、先行先试"的特别机制，建立了新型的政府与市场关系，逐步实现现有行政区划与跨区域、跨流域共同管理的关系。两省（区）政府的协调机制也取得良好的成绩，建立了两省（区）联席会议、肇梧市长联席会议、试验区管委会和开发建设公司四层管理运营架构。2017年粤桂双方共同出资的粤桂投资开发股份有限公司注册成立，试验区四层框架管理体系进一步完善。

试验区良好的制度设计，打破了"一亩三分地"的思维定式，成功推动和实现东西部、跨省（区）与流域的社会协同管理、经济协作发展、环境共同保护的区域创新发展。在大湾区建设的历史机遇下，试验区坚定不移地实施"东融"战略，将自身的潜在优势真正转为现实优势，实现后发赶超，仍需进一步完善科技体制、人事管理制度、金融体制、财政体制、土地体制等方面的顶层设计，以凸显园区特色。目前梧州市委、市政府大力推动产业园区提档升级，梧州高新区、循环经济产业园区、临港经济区、生物医药产业园、轻工产业园、钛白产业园、生态铝产业园、六堡茶产业园、岑溪市稀土新材料科技产业园等特色园区建设如火如荼，试验区只有牢牢把握新的历史机遇，加强顶层设计，凸显区位制度优势，才能做好"东融"的排头兵。具体而言，将试验区"东融"作为一项系统性工程，对其进行全局性、前瞻性、战略性的设计，尽快制定"东融"总体方案、路线图和时间表，明确其功能定位、产业布局、设施配套、综合交通体系等重要问题，落实财政政策、投资政策、项目安排等方面的具体措施，大力推进体制机制对接，突破瓶颈制约，以求快速、平稳发展，缩小差距。

四 坚持市场主导，结合政府引导

正确处理政府和市场关系，一方面更加尊重市场规律，坚持市场在资源配置中起决定性作用；另一方面更好地发挥政府引导作用，切实履行政府制定规划政策、提供公共服务和营造制度环境的重要职责，是"东融"成为市场主导、自然发展的过程和成为政府引导、科学发展的过程的重要原则。市场对资源配置起到主导作用，这是最基本的原则。以价值规律为基础，通过市场交换形成分工和协作的社会生产机制，通过市场竞争，激励先进、鞭笞落后形成优胜劣汰机制，通过市场价格形成自动调节供求机制，才能引导资源配置实现比较少的投入取得最大产出的目标。只有充分发挥市场在区域协调发展新机制建设中的主导作用，更好地发挥政府在区域协调发展方面的引导作用，才能促进区域协调发展新机制有效有序运行。

以招商引资为例，试验区过去四年多的投产建设中，充分发挥政府引导作用，精准招商，引入中兴、比亚迪、大华、国光等一批知名企业，初步形成了电子信息、节能环保、食品医药以及林产林化、高端装备制造、新材料等产业集群，成绩有目共睹。试验区政府在招商引资中发挥着至关重要的作用，但招商引资本质上是一个市场行为，最终将走向市场化。因此，试验区在推进"东融"战略过程中，一方面必须坚持市场主导地位，既要以总部经济、平台经济、共享经济、数字经济为导向，以节能环保、新能源、新材料、新一代信息技术等领域为主攻方向的"精准招商"，又要加强以市场为主导的"以商招商和产业链招商";另一方面必须充分发挥政府的引导作用,进一步明确政府职能边界,简政放权,服务好市场主体。只有坚持市场配置资源的主导地位,坚持"市场主导和政府引导"两条腿走"东融"之路,才能使试验区"东融"之路站得住、走得稳、跑得快。

五 坚持绿色生态,实现可持续发展

试验区投建以来,一直把"生态优先"放在突出地位,秉承"生态、创新、智慧"的发展理念,充分践行了"绿水青山就是金山银山"的重要发展理念和山水林田湖草是生命共同体的系统思想。试验区制定出台十大"禁投清单",禁止和限制高能耗、高污染和产能过剩项目进入,婉拒了投资总额逾30亿元的20多个不符合发展定位的项目,坚持创新低碳生态开发模式,取舍之间体现了科学发展理念。试验区实施"东融"战略,应该坚持绿色发展理念,做好长远规划,强化产业选择,鼓励支持有实力的粤港澳环保企业到试验区投资运营生态环保设施,以建设大湾区的美丽"后花园"。同时,必须坚持空间优化、资源节约、环境友好、生态稳定的原则,牢固树立节约、集约、循环利用的资源观,把保护生态环境放在优先位置,落实建设生态功能保障基线、环境质量安全底线、自然资源利用上线的要求,不断完善流域环保联防联控机制,健全区域生态系统服务功能,推动形成绿色低碳经济发展模式,推进试验区可持续发展。

第九章

粤桂合作特别试验区"东融"的基本对策思路

第一节 粤桂合作特别试验区（梧州）融入粤港澳大湾区合作发展的优势与不足

一 试验区融入大湾区的优势

（一）政策叠加利好

优惠政策的叠加选用是试验区吸引投资的政策优势。国家《珠江—西江经济带发展规划》明确支持试验区在重点领域和关键环节大胆探索、先行先试，广东、广西两省（区）在管理权限范围内共同赋予试验区同等的支持政策和先行先试政策，即东西部及两广政策叠加、择优选用、先行先试。在《粤桂合作特别试验区总体发展规划》中明确指出，针对双方所在区域享有的各项政策，实现在试验区的叠加共享、择优适用，并在政策叠加基础上，大胆创新、有所突破、先行先试。两省（区）政府共同签署的《粤桂合作特别试验区建设实施方案》明确给出了23条具体优惠政策，其中土地政策6条、财税政策5条、金融政策 7 条、开放合作政策 2 条、生态环保政策 3 条，适用于梧州的西部大开发政策、少数民族政策、国家级产业转移示范区政策以及适用于肇庆的广东"双转移"政策、振兴粤东西北政策等均可在试验区叠加选用。这 23 条扶持政策体现了东西部政策叠加优势，形成了试验区特别的政策体系。从大湾区 2017 年首次被写入政府工作报告，到粤港澳三地政府签署《深化粤港澳合作，推进大湾区建设框架协议》，再到 2019 年《规划纲要》的正式发布，大湾区建设的提出为肇庆市等粤港澳城市群未来的发展带来了新的机遇。肇庆市作为试验区的腹地之一，将为试验区未来享受大湾区的政策红利提供更大的引资机制空间。

（二）区位优势突出

试验区不仅战略区位重要，而且拥有诸多富有投资吸引力的差别优势。在区域政策区位上，试验区位于"三圈一带一区"（珠三角经济圈、泛北部湾经济圈、大西南经济圈、珠江—西江经济带和粤港澳大湾区）的交会节点，是东西部边界、省际边界和流域边界交集叠加区域，试验区是中国唯一横跨东西部两大区域的跨省流域经济合作试验区。在地理区位上，试验区作为国家区域发展战略珠江—西江经济带的重要组成部分，位于广东省肇庆市和广西壮族自治区梧州市交界处。梧州是中国西部大开发 12 省（自治区、直辖市）中最靠近粤港澳的城市，与粤港澳一水相连，水路距广州 341 公里、香港 436 公里、澳门 384 公里，为广西距港澳最近的港口口岸城市，是广西乃至西南地区接受粤港澳台地区产业、技术、资金转移的最前沿地区，是连接泛珠三角经济圈和泛北部湾经济区的交会节点，承东启西，具有明显的区位优势。

(三) 交通网络完善

拥有集公路、铁路、水运、管道、航空于一体的现代化综合交通运输体系。五条高速公路、四条铁路干线、一条黄金水道、一个航空港、一条"西气东输"管道在梧州境内交汇。这为实现与大湾区之间的无缝对接提供了较为完善的互通互联交通网络。公路方面，梧州市环城公路的开通正式打通了梧州通往广东肇庆、佛山、广州"最后一公里"的关键节段，是梧州及桂中南地区通往粤港澳经济圈最便捷的陆路通道，由试验区驾车前往广州所需时间缩短至3小时。铁路方面，试验区距南广高铁梧州南站30公里，距湛洛铁路梧州站25公里，每天超过50组高铁和动车往返梧州与广州、深圳，最快约1.5小时可由梧州南站到广州南站、2小时可到深圳北站，同时实现了香港与梧州南站的联通，可在广州南站或者深圳北站转乘广深港高铁抵达香港西九龙站。航空方面，试验区距西江机场56公里，已开通了飞往北京、上海、重庆、贵阳等航线。水路方面，西江黄金水道从试验区中间穿过，3000吨级船舶可直达粤港澳，现有李家庄、塘源、紫金村、中储粮、平凤五个码头共12个泊位，年吞吐量可到5000万吨以上，其中，李家庄码头为国家一类开放口岸。管道方面，"西气东输"二线天然气管道贯穿全境。试验区得天独厚的区域交通运输条件，是承接大湾区产业梯度转移的独特优势。

(四) 劳动人口充足

梧州市的人口红利和较低的劳动力成本可为承接大湾区产业转移提供充分的劳动要素保障。2016年全市户籍人口数为

349.1万人，比上年增加1.6万人。其中，城镇人口为163.7万人。常住人口为303.7万人，比上年增加1.9万人，其中城镇人口为156.9万人。全年人口出生率为14.26‰，死亡率为3.94‰，自然增长率为9.10‰。以全区15—64岁人口比例为67.97%计算，2016年梧州市常住人口中约有206万劳动年龄人口，人口抚养比为47.12%。2017年梧州市城镇、农村居民人均可支配收入分别为29359元和11085元，均低于大湾区城市的城镇、农村居民人均可支配收入（大湾区城市群中经济发展水平最低的肇庆市2017年城镇、农村居民人均可支配收入分别为28276.1元和16430.5元）。劳动力富余以及劳动要素成本的比较优势可有效保障试验区吸纳大湾区的产业转移所需的劳动力供给。

（五）黄金水系纵横

"西江通五省，总汇在梧州"。坐拥西江"黄金水道"是试验区"东融"大湾区的天然优势。浔江、桂江汇于梧州为西江，经珠江注入南海，这成就了梧州"三江总汇""两广咽喉"的独特地理位置。西江航线东连经济发达的粤港澳地区，西接能源丰富的大西南腹地，二者经济、资源互补性强，对内河航运有强烈的需求，同时西江航道深入广西腹地，连接广西大部分主要城市以及云南、贵州和越南，自梧州向上，船只溯桂江可达桂林；溯红水河可达来宾和云南、贵州；溯柳江可达柳州和贵州；溯郁江可达贵港、南宁，再往上可达右江的百色和云贵，也可达左江的龙州，甚至越南。作为连接两广水上交通大动脉的西江，支流众多、分布面广、水量丰富，冬季不结冰，对发展航运和沿江经济极为有利，既可为粤港澳地区企业及物流贸易商提供低成本、高效率的物流与中转通道，还可为粤桂开展沿江旅游经济合作、承接东部产业转移提供广阔的市场前景。

（六）历史文化相融

梧州与广东在政治、经济、文化等方面的交流合作源远流长，为试验区"东融"大湾区和承接东部产业转移奠定了深厚的民意基础。政治上，梧州古称广信，曾经是明朝两广总督府的所在地，今梧州与封开两地都在古广信境内，两广以广信为分界，广信之东谓广东，广信之西谓广西。经济上，在"水路经济"时代，不少粤商溯西江而上，在梧州投资经商、落户定居，更是建有粤东会馆以便粤商经商，近代梧州街市，随处可见广东商贾以及他们开设的商行，这些成就了梧州驰名岭南的"百年商埠"之美誉。文化上，梧州是岭南文化、珠江文化的发祥地，同时也是粤语的发源地。此外，梧州与粤港澳在粤剧、早茶、粤菜、龙母文化、赛龙舟等文化习俗方面也是同根同源。历史文化的一脉相通为试验区与粤港澳城市开展全面、深入的经贸合作构筑了良好的人文条件。

（七）社会稳定和谐

试验区及梧州市稳定的社会环境和良好的治安状况，为试验区的企业家专心创业、放心投资、安心经营提供了最可靠的投资软环境。山城水都的梧州，是以汉族为主的多民族聚居地区，人们兼具山的稳重与水的柔情，各族人民和谐相处、安居乐业。试验区成立有特勤大队保障园区的日常安全，并于2017年设立了粤桂合作特别试验区人民法庭，建立了跨省司法协作机制，以妥善解决粤桂法庭辖区范围内发生的各类纠纷，为试验区经济建设发展提供有力的园区特色司法服务和法治保障。安全稳定的社会秩序可有效降低投资风险和交易成本，坚定投资者的投资信心。

二 试验区融入大湾区的不足

（一）体制机制薄弱，合作发展不足

跨区域、跨省试验区开发建设在中国尚无先例可循，试验区顶层设计需要创新探索。试验区拥有先试先行的政策优势，在体制机制创新方面做出了积极探索，取得了显著的成就并创造了许多好的经验，但在实践中，体制机制的建设还存在薄弱之处。目前试验区的联合管理仅是形式上的、松散型的联合管理，并非原顶层设计中一套班子的集中垂直管理，明显减弱了试验区的共建合力，难以发挥联合管理统一安排与协调的优势，也难以突破两省（区）行政区划制约、打破可能存在的利益樊篱。

（二）配套设施匮乏，公共资源不足

试验区以行政审批制度改革为突破口，致力于试验区营商环境的改善，营商环境得到了较大的提升，然而试验区周边的生活配套设施普遍滞后，试验区内生活区尚不完善，更没有文体活动设施和商业配套设施。试验区内商业、教育、医疗、金融、科技、养老等公共资源的缺乏，不能保障入园职工的正常生活，不利于企业招聘和留住员工。

（三）工业短板明显，产业链不完整

试验区全面启动以来，出台了《十大"禁投清单"》并且按照《粤桂合作特别试验区总体发展规划》中的六大产业发展重点进行招商引资，已入驻企业377家（其中广西片区318家），招商引资成效显著，然而产业发展现状却不容乐观，一是缺乏产业关联度大、科技含量高、行业控制力强的龙头企业；二是试验区内企业类型混杂，没有形成产业链上的专业化分工协作配套关系。试验区当前依靠优惠政策的招商引资模式未来将难以持续，随着国家对制造业的降税减费政策的落地以及土地、信贷、能源等政策日益紧缩，试验区的政策叠加优势将不再明显，与越南、马来西亚等新兴经济体相比也没有太多的比较优势。

（四）科技教育落后，高级人才短缺

从试验区现有人力资源队伍来看，金融创新、资本运作、规划管理、环保建设、科技管理、经济管理等专业高端人才较为缺乏，人才瓶颈制约试验区完成深化改革任务。梧州市总体上人才不足，科技发展相对落后，无论是普通高等教育的质量或是职业技术教育的学生数量都难以满足试验区的人才需求。无论是试验区管委会、投资公司，还是入驻企业，都感到试验区高层次人才和专业技能人才匮乏及引进的现实困难，这是制约试验区承接大湾区产业转移的瓶颈。

第二节　粤桂合作特别试验区推进"东融"的对策措施

本节主要围绕试验区的产业发展和产城融合发展提出了思路性的政策建议。之所以如此，原因有二。第一，经中央批准，广东、广西两省（区）赋予了试验区"东西部及两广政策叠加、择优选用、先行先试"的特别机制,也就是说目前所有广东、广西享有的政策包括大湾区新订政策,试验区都可以择优选用。目前的关键是落实,而不是再制定什么新政策。第二,随着供给侧结构性改革的深化,必须从新的角度来审视过去的产业政策,应更强调通过竞争政策实现资源配置。另外,产城融合发展恰是促进试验区产业转型升级的必由之路。因此我们只重点就这两方面的思路提出了建议。

一　思想保障

要在试验区广大干部和群众中大力提倡解放思想、树立超前意识、坚定改革开放思维。

要明确树立起试验区落实"东融"战略基本指导思想。

首先,要明确"东融"战略首先是要融入大湾区的发展。随着"东融"战略与大湾区一体化发展的实施,必将把试验区的发展带入一个新阶段。新阶段的主要特征就是产城融合发展。要认识到这是试验区"东融"发展提出的客观要求。产城融合不仅意味着产业发展与城市发展的融合,而且意味着更高水平的发展,意味着经济发展与社会发展的融合、制造业发展与服务业发展的融合,不仅要发展传统意义上的具有高新技术的制造业,还要积极发展新型服务型制造业。

其次,要同时进行两方面的体制、机制建设,一是广东和广西两省(区)合作融入大湾区的体制、机制建设,同时还要大力推进试验区自身融入大湾区的体制、机制建设。

再次,试验区要坚持两条腿走路的园区建设方针,即既要积极推进园区和城市的基础设施建设,同时还要强化招商引资力度，抓紧园区的项目建设。

最后，试验区不仅自身要创造性地、高水平落实"东融"战略，还要积极发挥国家级园区的溢出效应，带动周边地区按照更高的要求和标准落实"东融"战略。

二 产业方面的政策措施：高质量承接产业转移，构建与大湾区配套融合的现代化产业体系

"十三五"规划强调，要"深化泛珠三角区域合作，促进珠江—西江经济带加快发展"。试验区既是珠江—西江经济带的重要节点，同时也是加快推动梧州市"东融"战略的实施、深度融入大湾区发展的先行示范平台。在《珠江—西江经济带发展规划》中，梧州市承担着"产业承接区"的功能定位，即"高起点承接产业转移，引导产业集聚，促进粤桂毗邻地区港口、产业、城镇融合发展"。因此，试验区乃至梧州市在"东融"战略的实施过程中，必须立足于自身特点，充分发挥自身在自然资源、产业基础、人力资源、生态环境等方面的比较优势和竞争优势，将大湾区的先进理念、技术、资金、人才与自身的资源、政策、产业、劳动力优势相结合，建立产业分工协作对接机制，高起点地承接大湾区的产业转移。这就要求在试验区产业政策的实施上，应注意以下三点：其一，充分挖掘现有产业基础潜力，改造提升传统优势产业，推动特色产业转型升级；其二，坚持优势互补、错位发展、联动发展，利用大湾区的科技、资金、人才以及高端服务业等创新资源，高质量、高层次、高水平地承接大湾区产业转移；其三，在推动产业集聚、发展产业园区的过程中，需要将产业发展与城市功能提升

相互协调，实现"以城带产、以产促城"的"产城融合"，从而打造大湾区一小时经济圈宜居宜业宜游的共享区。通过主动、全面地参与大湾区产业分工，最终构建起与大湾区配套融合的现代化产业体系，打造珠江—西江经济带重要产业增长极。

(一) 试验区承接大湾区产业转移的重点内容

试验区在承接大湾区产业转移过程中，不能是低端、落后地承接，而是要高层次、高质量、高水平地承接；不能只承接劳动密集型、资源开发型产业，而是要更多地引入研发型、高科技型、生产性服务等领域的产业项目；不能仅仅是简单地承接，更需要创新，通过吸收大湾区的各类有利资源，用更加超前、更加现代化的思维和眼光来规划、引导本地区的产业发展。同时，要注重将自身的产业发展纳入整个泛珠三角区域整体产业链和价值链中，促进生产要素向区域内支柱产业和优势产业靠拢，纵向形成产业链、横向形成产业集群，发挥区域优势互补和叠加放大效应。

针对科学合理地承接大湾区产业转移，促进高质量产业项目落地试验区，应注重以下四个方面的内容，即提高对转移产业的鉴别力、强化对转移产业的支撑力、提高对转移产业的配套协调能力、以产业集群形式承接产业转移。

1. 提高对转移产业的鉴别力

在试验区承接大湾区产业转移的过程中，一定要综合考虑试验区自身的资源禀赋、市场潜力、技术水平等发展条件和比较优势，以及转移产业的经济效益、社会效益、生态效益和长远发展前景。一方面，要坚持"生态优先"的突出地位，防范高耗能、高污染和产能过剩的产业项目转移,拒绝做"环保洼地";另一方面,也要鉴别转移企业是否具有短期投机性,并且有重点地将承接产业与本地区的生产要素优化组合,避免资源浪费、重复建设、产业同质化、无序竞争等问题,提高承接企业以及产业项目的经营绩效,增强承接产业转移的投入产出效益。同时,针对入驻园区的企业,考虑建立并规范后期退出机制,例如在招商引资合同约定的开工日期6个月后因企业自身原因未开工建设或已开工建设但无实质性进展的、擅自改变工业工地用途或规划设计的、因产能严重过剩或经营不善造成严重亏损或连续停产超过2年的,等等,依法依规对企业进行整改、清退,或取消已享受的优惠政策,或追缴已享受的政策性奖励及补助资金。

2. 强化对转移产业的支撑力

目前,试验区在用地、用电和用工成本和政务环境等方面已经成为吸引产业项目的政策洼地。在承接产业转移之后,相应的基础建设、资金、人才与劳动力等保障承接产业项目切实落地、顺利推进的支撑能力应进一步强化,产业链与技术链、人才链、资本链要全面对接,这是实现产业顺利承接的关键。目前资金问题对于试验区发展的制约作用尤为突出,必须进一步加强资金筹措能力,市场化的融资模式,多渠道解决园区入驻企业融资问题,并加强与各大银行的沟通协调,创造设立各类产业投资基金、发展基金,能够吸引社会资本参与到试验区的项目建设中。同时,要利用广东片区作为经济较为发达的一方在试验区建设和招商引资方面的优势,协调并调动广东方面的积极性,从而能够切实按照"对等投入、收益对等分配"的原则来保障后续资金的有效到位。

3. 提高对转移产业的配套协调能力

试验区通过借助区位优势、政策优势、土地优势、劳动力优势，目前已吸引了大量企业入驻园区和产业项目落地。2018年试验区完成招商引资到位资金79.30亿元，其中广西片区69.18亿元；入园企业377家，其中广西片区318家；新注册企业46家，其中广西片区44家。这对于园区内的产业链协作配套将提出更高的要求，必须提高转移产业与相关配套产业之间的协调度和关联水平。一方面，要延长产业链，重视承接后的配套产业项目以及产业链上下游的完整性；另一方面，要重视承接产业与其他产业之间的协调发展，如能源部门、环保部门以及金融、商贸、物流等生产性服务产业；与此同时，必须加快园区内生活性服务业的发展，形成完善的、现代化的生活服务设施配套，提高园区生活性服务功能，从而能够融入大湾区的"优质生活圈"。

4. 以产业集群形式承接产业转移

以在承接产业转移中实现产业升级为目标，以产业集群的形式来承接大湾区的产业转移，利用高新技术产业、战略性新兴产业等培育产业发展新动能，提高食品加工、医药制造、林产林化、造船机械等传统优势产业的质量效益，面向大湾区引入一批生产性服务业，加大现代服务业集聚区建设力度，从而强化承接产业转移的溢出效应，发挥规模经济效益，建设全面对接大湾区、深度融入珠三角地区的产业集聚高地。

（二）具体的产业政策措施

在加快落实"东融"战略、全面对接大湾区的过程中，涉及试验区以及梧州市具体的产业政策措施，可从以下三个方面考虑。

1. 积极打造战略性新兴产业和高端装备制造业产业集群

加强与大湾区的产业协作，强化科技引领，重点培育新一代电子信息技术、新材料、高端装备制造，培育打造新动能，加快形成配套大湾区的世界级先进装备制造和电子信息产业集群的重要基地和延伸带。

新一代信息技术产业以移动互联网终端制造、应用及信息服务、相关电子元件器件、计算机及其外部设备、数字视听、光伏电子等产业为重点发展方向，依托国光电子产业园、广西微软创新中心、西门子创新实验室、中兴广西云数据中心等一批重大产业项目，吸引大湾区数字、电子等高端产业集群以及相关企业研发中心、制造基地落地园区，并推动新一代信息技术产业与装备制造、文化创意、大健康产业等融合发展。

高端装备制造业要抓住大湾区先进制造业转移和延伸机遇，重点发展农业机械、工程机械、造船机械、精密仪器仪表等产业，打造优势突出、配套完善、规模效益显著的高端装备制造业基地，进入自动化生产、智能制造技术，为试验区企业提供先进、高效的设备和产品订制服务，并带动入驻企业进一步将上游产业链企业、相关标准技术和人才吸引至试验区。

新材料产业依托本地丰富的自然资源，坚持生态、循环的发展理念，重点发展稀土新材料和陶瓷新材料，并延伸上下游产业链，将新材料、再生资源、节能环保等相融合，打造集深加工和应用、再生资源回收利用和贸易于一体的循环经济产业链。

新能源产业重点围绕国家级储能装备产业基地和国家级新能源示范应用产业园区，优化提升"基金+产业"的发展模式，推进梧州"风水光多能互补"百万清洁能源建设基地、试验区新能源电池、新能源电动汽车产业基地等重点项目，加快太阳能、风能、生物质能、分布式能源等新能源示范应用。

2. 改造提升传统优势产业与特色资源型产业

食品加工产业：以岭南食品工业小镇为发展重点，一方面加快承接大湾区轻工食品产业转移，引进先进的食品加工技术与设备；另一方面突出岭南特色，引导本地特色食品生产企业入园，壮大六堡茶、纸包鸡、龟苓膏、胶原蛋白肠衣等本地特色食品，打造面向大湾区以及泛珠三角地区的食品精深加工产业基地和绿色有机食品供应基地。同时，引入体验式营销，通过"食品加工+文化+旅游观光"的发展模式，带动发展地方特色食品、旅游民宿、餐饮，突出产业园的"品牌化、旅游化、生态化"，打造本地特色的现代工业旅游目的地。

林产林化产业：以松香深加工、松节油深加工、松香产品升级等产业链较长、带动面更广的产业项目为重点，加快和培育一批规模以上骨干企业，形成几家龙头企业，走资源深加工道路，抓好产业链的延伸配套，打造林产林化精深加工产业基地，加快建设林产品精深加工（核心）示范区。推动形成林产品交易市场，从而提升林产林化资源利用率，加快产业化发展进程。

医药制造产业：医药制造产业是梧州市的传统优势产业，但目前整体行业规模较小，发展较为分散，龙头企业和强势品牌的辐射带动作用有限。应围绕"医药梧州、健康梧州"的目标，挖掘老字号医药品牌，培育现代中医药大品种、新品种，并引进大湾区的制药产业以及生物医药等新兴产业和企业，依托试验区推进重点医药项目建设，加快布局集产、学、研、销、服等功能于一体的综合性生物医药产业园区，打造面向大湾区的医药健康产业集群。

现代农业：推进绿色循环农业发展，打造面向大湾区优质农副产品供应基地。综合运用数字化的生产手段与现代化的管理模式，引导试验区传统农业向绿色、生态、循环、高效方向发展。加快现代特色农业示范区建设，提升农产品品牌附加值，提质升级"梧州六堡茶"区域性品牌以及"茶船古道"文化品牌。推动农业与健康养生产业、文化旅游产业有机结合，加快农业与第二产业、第三产业融合发展。

3. 大力发展生产性服务业与生活性服务业，建设现代服务业基地

商贸物流产业：以产业发展和交通枢纽为依托，通过优化水路、公路、铁路与空港物流的配套衔接，提升物流服务水平与效率，推进试验区电子商务物流基地、商贸物流园区等园区建设，建立起面向粤港澳、链接东西部的商贸物流体系，打造国际化物流中心。

文旅健康产业：联合广西、广东以及港澳多地政府进行合作宣传，遵循市场主导、政府推动的原则，推出面向泛珠三角地区"一程多站"的旅游产品，共建珠江—西江无障碍旅游区，促进大湾区庞大的消费力向内地转移。将岭南文化—生态—健康—旅游深度融合，开发沿江休闲观光游、生态养生游、历史人文景观游、文化体验游等旅游项目，打造成为珠江—西江经济带重要的旅游节点以及面向大湾区的生态健康旅游基地。

文化创意产业：利用岭南文化、珠江文化发祥地的文化优势，充分整合并挖掘骑楼文化、广信文化、龙母文化、粤剧文化、六堡茶文化等本地特色文化资源，深化与粤港澳文化创意合作，积极发展数字传媒、影视动漫、工业设计、环境艺术、文化传播等文化创意产业，开发具有高附加值和区域特色文化内涵的文化产品，打造集创意创造、休闲养生、品牌服务于一体的文化创意产业集聚区。

金融产业：巩固金融基础设施，改善金融生态环境，加快建立具有试验区特色、服务实体经济的金融市场体系。加快与大湾区的金融合作，积极吸引金融机构入驻设立分支机构，创新金融产品和金融服务方式，发展杠杆贷款、信托投资、融资租赁、资产证券化等金融产品，开展粤桂异地贷款、银团贷款，提高资金使用效率。推动建立珠江—西江经济带产业合作发展基金，对园区企业提供融资指导和风险保障，构建中小企业、银行、担保融资公司之间的风险共担机制，加强信用担保体系建设，增强试验区企业融资能力。

最后，特别需要强调的是，随着供给侧结构性改革的深入，在落实上述产业政策目标时，必须改变过去完全依靠政府行政力量落实产业政策的做法，而要通过完善竞争性政策大力发挥市场机制作用来达到政策目标。

三 加快城市化步伐，推动产城融合发展

(一) 推进产城融合的必要性

相对于一般的产业园区，未来试验区将向城市新区的方向进行建设。

在城市开发中,通过公共服务设施建设吸引人气往往是常用的开发手段之一,而在产业园区开发中则相反,产业园区建设过程中"有产无城"的现象普遍存在。很多产业园区要么鼓励企业员工到就近的城镇解决家属居住孩子上学求医问药等问题,要么在园区发展后期才开始植入公共服务设施。产业园区过于关注工业生产活动,较少关注企业员工的日常生活需求,从而忽视了公共服务设施的配套,严重影响了员工的生活品质,使他们很难享受到城镇化发展的成果。由此,企业"招工难"问题便逐步显现,并成为制约产业园区发展的主要因素。因此,产业园区建设需要改变过去"先生产、后生活"的思维方式,转换"把工业化理解为城镇化"的观念,加强产业园区公共服务设施的规划配置,缩小产业园区与城市在生活品质上的差距,提升园区员工的生活质量,促进产业园区良性发展。只有这样才能招揽人才、留住人才。否则不仅招不到人才,很可能自己培养的人才也难以留住。我们认为,目前关于招揽人才的政策已经足够,关键在落实。而落实的重要途径就是实现产城融合发展。这也是"产城融合"所追求的基本目标。

对于试验区而言,就更有必要积极推进城市化发展,大力发展服务员工及其家庭的生活服务设施,积极发展各种服务生产生活的第三产业。现代制造业早已不像早期制造业只是从事产品生产,产品的设计、营销等已成为制造业的重要组成部分,以至于出现了"服务型制造业"这一概念。

随着试验区人才的引进,大批白领阶层和掌握高级技能的员工会越来越多,他们必然对生活服务设施,如影剧院等娱乐场所有更多的需求,对发展高品质的服务业和第三产业的要求更加强烈。

而要实现这些目标，积极推进城市化是必由之路。

（二）把握时机，适时启动城市化进程，促进产城融合发展

产城融合是相对于产城分离提出的一种城市发展方式。产城分离指的是改革开放初期我国许多地方形成的一种特殊的发展方式。其特点是在原城市地区的周边建立起新的开发区。开发区作为一种功能区，主要目的就是发展各种制造业，因而成为制造业发展的承载区。所以功能比较单一，一般城市中的文化生活等服务业发展相对滞后。随着开发区的经济发展、人口的增多，迫切需要发展满足各种生产、生活需要的服务业。由此也就出现了产城的融合发展。特别是在经济转型升级时期，产城融合发展成为推动经济转型升级的重要手段，从而给产城融合发展以强有力的推动。

当然，还存在另一种情况，人们也把它称为产城融合，即先有了城市，由于城市的空心化，需要产业支撑因而产生了产城融合发展的需要，例如，在大城市周边建设的"睡城"。相较而言这种情况并不多。

我们这里关注的主要是第一种情况，即先有产业发展然后才有的城市发展。这也是提出产城融合发展的基本背景。目前试验区就是这种情况。当前我国仅省以上级别的开发区就有将近2000个，大部分是20世纪90年代中期设立的，在21世纪的头十年刚刚提出产城融合发展时，它们都已经有了十多年的发展历史。与国内其他开发区相比，试验区是一个十分年轻的开发区，仅有5个年头的历史。按照经验，开发区开始产生产城融合发展的需要大都在经历了成型期、发展期以后的成熟期，

产业发展已经具备了相当规模,这需要十多年的时间。显然试验区还不能说已经进入了成熟期。那么,为什么在这个时候就要提出产城融合发展的问题呢?

简单地说,这是由不同历史背景决定的。20世纪八九十年代设立的开发区初期发展的大多是加工组装工业,特别是劳动密集型的加工组装业。而经过改革开放40多年的发展,不仅我国的产品及技术已经升级,而且供给条件也有了实质性变化。我国的人口红利已不复存在,人口老龄化的形势逐年加剧。随着我国劳动力成本的提高,那些劳动密集型的产业正在加快迁出我国。在这种形势下,我国企业必须加快产业转型升级的步伐,尽快实现由价值链低端向高端的发展。

而要实现上述产业转型升级,核心的一点就是改变劳动者的结构,引进和培育一批掌握现代高新科技的技术人才和更具工匠精神的一线工人。高端人才因为他们的收入更高,所以对生活条件的要求相应地也会更高。因此,为了吸引人才必须要在原功能单一的开发区引入更多的生活基础设施。同时,高精尖产业的引入也意味着加大了对生产性服务业的需求。这些事实上都意味着要提早城市化,即实现产城融合发展。

(三) 构建产城融合发展的体制机制

产城融合发展已有十几年的历史了,积累了丰富的经验,也形成了一系列行之有效的政策措施。例如,要规划先行,要加大财政支持的力度和优化支持结构,要构筑多元化的投融资机制,等等。对此,本书不再赘述。本书在这里想强调指出的是构建产城融合发展的体制机制,这既是试验区实现产城融合发展的前提,也是试验区实现产城融合发展的关键。

试验区是我国第一个跨省域的经济开发区。在这样跨省的开发区应该建立怎样的管理体制本身就是一个问题。如果没有很好的规划，很容易使两省（区）划定的开发区陷入各行其是的发展路径。事实上，试验区已经面临这一问题的现实考验。目前试验区广西片与广东片发展不同步的现象就非常突出。例如，目前，广西片入园企业已达318家，而广东片只有59家；累计招商引资资金额及所实现的工业产值差距也同样明显。原因是，广西片是在梧州市委、市政府直接领导下进行开发建设的，而广东片的开发建设则交给了肇庆市下属的封开县。因此，作为开发区的试验区亟须建立统一的管理体制。课题组有关专家曾建议对试验区应参考美国"特别行政区"模式进行管理。[①]

但是，按照我国的城市管理模式，各城市及其辖区都处于一定的行政级别上，并以此为基础进行分工合作实现对整个社会的无缝管理。在这一背景下，试验区的行政管理特别是综合管理很难脱离全国的统一管理模式、另搞一套。换句话说，试验区未来事实上将面临双重管理体制。一方面，从对经济开发的管理上，需要发挥管委会的职能，对整个试验区进行统一管理；另一方面，又要按照我国目前的城市管理体制，对试验区社会层面的管理实行属地管理。

显然，这两种管理体制存在一定的冲突。那么，我们首先要回答，这种双重体制并存的局面是可能的吗？它们可以同时发挥各自的管理职能吗？

---

① 参见赵京兴《粤桂特别试验区管理体制解析与设想》，载汪同三主编《粤桂合作特别实验区体制机制改革创新研究》，中国社会科学出版社2018年版。

从美国的行政实践来看这是完全可能的。不论是专门管理学校的学区还是专门管理消防、供水的特别区都能够很好地与地方政府并行不悖地履行职能。这里的关键在于在法律上要明确特别区的法律地位与职能。地方政府要依法给予特别区政府（管委会）法定的权力。

因此，我们建议，随着产城融合发展的进程，虽然地方政府的管理权限和管理范围会逐渐加大，但不应因此而干预试验区管委会权力的行使。

具体而言，产城融合过程中的城市规划、建设等管理工作交由政府部门，具体建设可以按照市场原则交给管委会下属的投资开发公司。城市服务基础设施建成后，如果是私人物品则交由市场运行，譬如商店。公共物品则应交由政府管理，如中小学校。混合物品则视其公共属性的多少决定由政府管理还是按市场原则运行。

总之，解决产城融合发展的体制机制是实现产城融合发展的基本前提，一定要作为重要任务慎重对待。

主要参考文献

程必定：《区域经济学》，安徽人民出版社 1989 年版。

大卫·李嘉图：《政治经济学及赋税原理》，郭大力、王亚南译，译林出版社 2014 年版。

顾颖、董联党等：《欧洲一体化进程中的区域经济发展》，中国社会科学出版社 2008 年版。

国务院发展研究中心课题组：《中国区域协调发展战略》，中国经济出版社 1994 年版。

郝寿义：《区域经济学原理》（第二版），格致出版社 2016 年版。

孙志毅、荣轶等：《基于日本模式的我国大城市圈铁路建设与区域开发路径创新研究》，经济科学出版社 2014 年版。

汪同三：《粤桂合作特别试验区体制机制改革创新研究》，中国社会科学出版社 2018 年版。

徐璋勇、任保平：《西部蓝皮书：中国西部发展报告》，社会科学文献出版社 2017 年版。

陆大道：《中国工业布局的理论与实践》，科学出版社 1990

年版。

董国辉:《经济全球化与"中心—外围"理论》,《拉丁美洲研究》2003年第2期。

安虎森:《增长极理论评述》,《南开经济研究》1997年第1期。

陈烈、姚丽斌:《我国区域经济可持续协调发展战略探讨》,《经济地理》2000年第6期。

邓春玉:《城市群际空间经济联系与地缘经济关系匹配分析——以珠三角建设全国重要经济中心为例》,《城市发展研究》2009年第16卷第8期。

高志刚:《中国区域经济发展及区域经济差异研究述评》,《当代财经》2002年第5期。

胡俊超:《区域经济协调发展的路径依赖》,《特区经济》2006年第6期。

胡乃武、彭俊明:《宏观金融非均衡条件下的资产调控》,《经济学家》2000年第2期。

胡乃武、张可云:《统筹中国区域发展问题研究》,《经济理论与经济管理》2004年第1期。

李具恒:《广义梯度理论:区域经济协调发展的新视角》,《社会科学研究》2004年第6期。

李善同、冯杰:《我国交通基础设施建设与区域协调发展》,《铁道运输与经济》2002年第24卷第10期。

廖耀华、徐凯赟:《新时代区域高质量协调发展战略内涵、机理及路径》,《宁夏社会科学》2019年第3期。

廖元和:《从千年大计看雄安新区的设立意义和发展趋势》,

《区域经济评论》2017年第5期。

刘生龙：《人力资本的溢出效应分析》，《经济科学》2014年第2期。

刘夏明、魏英琪、李国平：《收敛还是发散？——中国区域经济发展争论的文献综述》，《经济研究》2004年第7期。

陆大道：《地区合作与地区经济协调发展》，《地域研究与开发》1997年第1期。

陆大道：《如何看待东西部之间经济实力的差距不断扩大》，《红旗文稿》1995年第17期。

罗蓉、罗雪中：《论区域经济一体化演进机制及城市主导作用》，《社会科学战线》2009年第9期。

孙久文、张可云、安虎森等：《"建立更加有效的区域协调发展新机制"笔谈》，《中国工业经济》2017年第11期。

覃成林：《论经济市场化与区域经济协调发展》，《经济纵横》1998年第1期。

覃成林：《论区际经济关系与区域经济协调发展》，《经济纵横》1996年第11期。

魏后凯：《产业转移的发展趋势及其对竞争力的影响》，《福建论坛》（经济社会版）2003年第4期。

魏后凯：《促进地区经济协调发展的两个政策问题》，《经济学动态》1996年第8期。

徐现祥、李郇：《中国省区经济差距的内生制度根源》，《经济学》（季刊）2005年第4卷第S1期。

殷存毅：《区域协调发展：一种制度性的分析》，《公共管理评论》2004 年第 2 期。

俞勇军、陆玉麒:《交通投资与经济发展的关系及其区域效应评价方法研究》,《人文地理》2005 年第 20 卷第 1 期。

张明军、汪伟全:《论和谐地方政府间关系的构建:基于府际治理的新视角》,《中国行政管理》2007 年第 11 期。

张幼文:《应对经济全球化的对外开放战略》,《世界经济研究》2001 年第 6 期。

张宇、陈美兰:《农村人力资本溢出机制初探》,《中国国情国力》2010 年第 9 期。

赵勇、白永秀:《知识溢出:一个文献综述》,《经济研究》2009 年第 1 期。

刘目前:《区域可持续发展综合评价研究》,硕士学位论文,湖南农业大学,2007 年。

彭荣胜:《区域经济协调发展的内涵、机制与评价研究》,河南大学,2007 年。

《习近平在中央政治局第三十八次集体学习时强调 把改善供给侧结构作为主攻方向 推动经济朝着更高质量方向发展》,http://news.cnr.cn/native/gd/20170122/t20170122_523520114.shtml。

Boudeville J. R., *Problems of Regional Economic Planning*, Edinburgh: Edinburgh University Press, 1966.

Friedmann John., *Regional Development Policy: A Case Study of Venezuela*, Cambridge: MIT Press, 1966.

Hagerstrand T., *Innovation Diffusion as a Spatial Process*, Chicago: University of Chicago Press, 1953.

Albert Otto Hirschman, *Strategy of Economic Development*, New Haven: Yale University Press, 1958.

Balassa B. A., "The Theory of Economic Integration", *Journal of Political Economy*, Vol. 29, No. 1, 1961.

Benhabib J., Spiegel M. M., "The Role of Human Capital in Economic Development Evidence from Aggregate Cross – country Data", *Journal of Monetary Economics*, Vol. 34, No. 2, 1994.

Boudeville J., *Problems of Regional Economic Planning*, Edinburgh University Press, 1966.

Carlino G. A., Chatterjee S, Hunt R. M., "Urban Density and the Rate of Invention", *Journal of Urban Economics*, Vol. 61, No. 3, 2007.

Francois Perroux, "Economic Space: Theory and Application", *Quarterly Journal of Economics*, Vol. 64, No. 1, 1950.

Gunnar Myrdal, *Economic Theory and Under-developed Regions*, London: Duckworth, 1957.

Hoover E. M., Fisher J. L., *Research in Regional Economic Growth*, National Bureau of Economic Research, Inc., 1949.

Jess Benhabib and Mark M. Spiegel, "The Role of Human Capital in Economic Development Evidence from Aggregate Cross-country Data", *Journal of Monetary Economics*, Vol. 34, No. 2, 1994.

John Friedmann, *Regional Development Policy: A Case Study of Venezuela*, Cambridge: MIT Press, 1966.

Posner M. V., "International Trade and Technical Change", *Oxford*

Economic Papers, Vol. 13, No. 3, 1961.

Raymond Vernon, "International Investment and International Trade in the Product Cycle", *The Quarterly Journal of Economics*, Vol. 80, No. 2, 1996.

Raúl Prebisch, "The Economic Development of Latin America and its Principal Problems", *Economic Bulletin for Latin Amertca*, Vol. 7, No. 1, 1962.

Rostow W. W., *The Five Stages of Growth – A Summary*, Cambridge Uni versity Press, 1960.

Tinbergen J., *International Economic Integration*, Elsvier Publishing Co., 1954.

Williamson, Jeffrey G., "Regional Inequality and the Process of National Development: A Description of the Patterns", *Economic Development and Cultural Change*, Vol. 13, No. 4, 1965.